NAJAC EN ROUERGUE

NOTES HISTORIQUES ET ARCHÉOLOGIQUES

7

NAJAC EN ROUERGUE

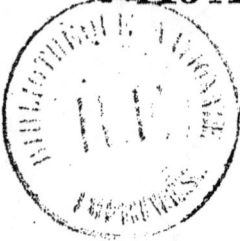

NOTES

HISTORIQUES ET ARCHÉOLOGIQUES

PAR

Auguste et Émile MOLINIER.

Extrait de la *Bibliothèque de l'École des chartes*
Tome XLII, 1881.

PARIS

1881

NAJAC EN ROUERGUE

NOTES HISTORIQUES ET ARCHÉOLOGIQUES

I.

Najac est aujourd'hui un chef-lieu de canton de l'Aveyron. Siège d'un bailliage important au moyen âge, cette petite ville, maintenant ignorée, a joué un certain rôle dans l'histoire de la province de Languedoc au xiiie et au xive siècle. On y trouve encore quelques monuments intéressants de cette époque : un château construit par ordre d'Alfonse de Poitiers et une église du xiiie siècle. Cette dernière n'a rien de bien remarquable en elle-même, mais nous connaissons la date exacte de sa construction et cette particularité suffit pour la rendre curieuse à étudier. Elle fut construite par les habitants, en 1258, sur l'ordre des inquisiteurs de la foi, qui les punissaient ainsi de leur attachement à l'hérésie. Mais, avant de raconter les événements, causes directes de l'intervention des inquisiteurs à Najac, il ne sera pas inutile de résumer en quelques lignes le peu que nous savons sur l'histoire de cette ville avant le milieu du xiiie siècle.

Tous les historiens qui ont parlé de Najac ont cherché, sans y réussir, à fixer d'une manière exacte la date de sa fondation. Le plus récent d'entre eux, Bruno Dusan[1], affirme que, sur la colline escarpée où s'élève aujourd'hui le château comtal, on a trouvé les traces d'une station gauloise, et que les Romains *ont dû* occuper cette position importante qui commande une partie de la vallée de l'Aveyron. Mais ce ne sont là que des hypothèses, qu'aucune découverte n'est venue fortifier ; s'il suffisait à un lieu d'être facile à défendre, ou important au point de vue stratégique, pour avoir

1. *Revue de Toulouse*, XX (1864), pp. 283-294 et 341-359.

été choisi comme centre d'habitation par les anciennes races, le nombre des stations gauloises et romaines de la France serait plus que doublé. Plus prudent que Dusan, Bosc[1] et, à sa suite, de Gaujal[2] avaient placé la construction du premier château de Najac vers l'an 1100. Cette date peut être admise, car la plus ancienne mention d'un seigneur de Najac se trouve dans un acte que dom Vaissète date d'environ 1109[3]. Dans cet acte, relatif aux sires de Penne d'Albigeois, paraît un Pierre *de Naiag*[4]. Un certain Gauzbert de Najac, fils ou petit-fils du précédent, est nommé en 1152 et 1162 dans des actes des vicomtes de Carcassonne et d'Albi[5]. En 1190, figure dans un acte d'Albi un Pierre de Najac[6]. En 1208, Guilhem Bernard de Najac assiste à l'engagement du pays de Laissaguez, consenti à Raimond VI par le comte de Rodez[7]. Le même paraît dans plusieurs actes du XIIIe siècle; vassal du comte de Toulouse, il s'engage, en 1226, à soutenir Raimond VII dans sa lutte contre le roi de France et l'Église[8]. Douze ans plus tard (1238, 23 mai), il figure encore dans un acte intéressant les vicomtes de Saint-Antonin[9].

À cette époque, sans doute à la suite de partages de famille, la baronnie de Najac était devenue une co-seigneurie. Dans l'acte de 1226, figure, à côté de Guilhem Bernard, un autre seigneur nommé Peire Gros. En 1244, plusieurs chevaliers, Guilhem Gautier de Cadolla, Raimond Bernard de Najac, Garin de Sainte-Croix, Guiscart Donat de Najac, se portent garants envers Raimond VII de la fidélité d'Uc de Muret, habitant de Najac[10].

---

1. *Mémoires sur le Rouergue,* II, p. 98.

2. *Études historiques sur le Rouergue,* II, p. 52.

3. *Histoire de Languedoc,* nouvelle édition, t. V, col. 808.

4. Mentionnons ici l'opinion de M. de Barrau (*Documents historiques et généalogiques sur les familles du Rouergue,* t. II, pp. 573-74). Cet auteur fait descendre de ces premiers seigneurs ceux de Savignac, qui, en 1124, contribuèrent à la fondation de l'abbaye de Loc-Dieu. Mais, comme il n'a pas jugé à propos de citer le moindre texte à l'appui de son opinion, nous ne pouvons que l'indiquer ici pour mémoire.

5. *Histoire de Languedoc,* nouvelle édition, t. V, col. 1130 et 1252.

6. *Ibid.,* t. VIII, col. 408.

7. *Ibid.,* t. VIII, col. 562.

8. *Ibid.,* t. VIII, col. 863.

9. Archives nationales, *Trésor des chartes,* J 328, n° 3[2]; Teulet, *Layettes,* t. II, 378 *a.*

10. Archives nationales, *Trésor des chartes,* J 317, n° 29; J 320, n° 52; Teulet, t. II, 535-536.

En dehors de ces courtes mentions, les actes du temps ne citent que rarement le nom de notre ville. En 1185, à la suite des guerres qui ravageaient le pays, elle était tombée entre les mains du comte de Poitiers, Richard, fils d'Henri II d'Angleterre, que son allié le roi d'Aragon, Alfonse, vint y trouver[1]. Elle dut être rendue au comte de Toulouse, quand la paix fut rétablie entre lui et les princes anglais. C'était dès lors une forteresse importante, si l'on en juge par les termes de l'acte de 1226, plus haut indiqué ; aussi le roi Louis IX en exigea-t-il la remise lors de la paix de Lorris, en 1242, et la fit-il garder pendant plusieurs années par des hommes d'armes à sa solde. Elle ne fut rendue au comte Raimond qu'en 1247[2].

Dès cette époque, la ville possédait quelques franchises municipales et était administrée par des consuls. En 1243, ces magistrats, au nombre de sept, s'engagent avec tous les habitants à observer les clauses de la paix de Lorris[3] et, en 1249, quatre consuls et prud'hommes de Najac viennent à Toulouse prêter serment de fidélité au comte Alfonse devant les commissaires envoyés par la reine Blanche pour prendre possession de l'héritage de Raimond VII[4].

A cette dernière date, en effet, la ville de Najac était déjà rentrée en partie dans le domaine direct des comtes de Toulouse. Au mois de mai 1246, deux des co-seigneurs, Guilhem et Guiral de Cadolla, avaient vendu leurs droits à Raimond VII, moyennant la somme de 20,000 sous de Cahors[5]. Cette cession fut-elle absolument libre, c'est ce que les événements qui suivirent permettent de mettre en doute. Mais, volontaire ou non, elle n'en fut pas moins effective ; à dater de cette année, le comte de Toulouse eut à Najac un baile chargé de le représenter et d'administrer le domaine, et ce baile dut empiéter sur les droits des autres co-seigneurs et chercher à amoindrir leur influence[6].

1. *Histoire de Languedoc*, nouvelle édition, t. VI, p. 114; d'après Zurita.

2. *Histoire de Languedoc*, nouvelle édition, t. VI, p. 752 et 794.

3. Archives nationales, *Trésor des chartes*, J 306, n° 83; Teulet, t. II, p. 514 *a*.

4. *Histoire de Languedoc*, nouvelle édition, t. VIII, col. 1264.

5. Archives nationales, *Trésor des chartes*, J 322, n°° 66 et 67; Teulet, t. II, p. 616.

6. En janvier 1249, Raimond VII reçut à Condom l'hommage de l'un de ses nouveaux vassaux (Archives nationales, *Trésor des chartes*, J 314, n° 41; original; Teulet et de Laborde, III, p. 54 *b*).

En dépouillant ainsi les seigneurs de Najac, Raimond VII sui-
vait les règles politiques qu'il semble s'être imposées à partir de
1229. Pour reconstituer son domaine direct, fort diminué par le
traité de Paris, ce prince saisit toutes les occasions d'acquérir
des droits utiles qui se présentèrent, et c'est ainsi qu'il devint
coseigneur d'un grand nombre de villes de ses États. Mais, en
agissant ainsi, il mécontentait les nobles, dont l'influence dimi-
nuait d'autant, et c'est ce qui explique en partie les événements qui suivirent sa mort, arrivée à Millau, le 27 septembre
1249.

On sait par Guillaume de Puilaurens[1], et les actes du temps
prouvent la véracité de ce chroniqueur, que cette mort prématurée
excita dans tout le Midi les regrets les plus cuisants, regrets qui
se manifestèrent bruyamment sur le passage du corps du prince,
pendant qu'on le transportait à Fontevrault. Chez le peuple, ces
regrets devaient être sincères ; Raimond VII mort, c'était l'indé-
pendance nationale à jamais perdue, le pays tout entier soumis
à la domination française. Beaucoup de seigneurs partageaient
sans doute ces sentiments, mais d'autres, ceux dont le défunt comte
avait amoindri l'autorité, ne virent dans cet événement qu'une
occasion de reconquérir le terrain perdu. Ce fut surtout dans l'Albigeois et dans le Rouergue que se produisit ce mouvement, assez
timide d'ailleurs, et qui ne dégénéra jamais en révolte ouverte.
Un rapport adressé à Alfonse, en février 1253, par le sénéchal
Jean d'Arcis[2], une enquête d'octobre 1251, dont nous publions
des fragments à la suite de cet article, nous montrent les nobles
essayant d'entraver la nouvelle administration, de lui créer des
embarras. Les tenanciers du comte cherchent à s'affranchir des
redevances qu'ils payaient jadis à Raimond VII ; le comte et
l'évêque de Rodez empiètent chaque jour sur la juridiction, sur
les droits du suzerain, lèvent des quêtes et des tailles dans des
villages dépendant de son domaine ; l'évêque, pour poursuivre
les hérétiques, demande une partie des biens qui seront confisqués sur eux ; les gens de Figeac font une expédition à main
armée contre un château appartenant à l'abbé de cette ville ; en
un mot, tout le pays est profondément agité ; les rebelles essayent

1. *Historiens de France*, t. XX, p. 772.
2. Archives nationales, *Trésor des chartes*, J 326, n° 40 ; Teulet et de Laborde,
III, 581-584.

de noircir le sénéchal dans l'esprit d'Alfonse et le représentent comme un homme avide et vénal[1].

Dans l'Albigeois, le nouveau pouvoir n'eut pas moins de peine à s'établir. Craignant sans doute le comte Alfonse qui, en 1242, avait durement réprimé la révolte des nobles du Poitou, les seigneurs de ce pays essayèrent de se soustraire à son autorité. Le vulgaire pouvait bien compter vaguement sur une intervention étrangère, sur celle du roi de Castille ou du roi d'Aragon[2], mais les nobles savaient sans doute qu'il ne fallait rien espérer d'auxiliaires aussi éloignés et aussi dangereux, et c'est à la reine mère qu'ils s'adressèrent, espérant passer directement sous la domination royale. Les seigneurs de Rabastens, de Caussade, de Brens, de Najac se réunirent à la Guépie[3] et proposèrent d'envoyer vers la reine Blanche pour demander son intervention. Inutile d'ajouter que cette tentative, qui paraît en effet avoir eu lieu, n'eut aucun résultat[4].

En prenant part à cette conférence, les seigneurs de Najac essayaient, par un coup hardi, d'éviter la punition qui les attendait ; car c'était eux qui s'étaient le plus signalés dans cette rébellion et ils devaient craindre d'autant plus la vengeance d'Alfonse de Poitiers qu'ils avaient commis plus d'excès et d'usurpations.

Un jour d'octobre 1249, plusieurs seigneurs du pays, R. B. de Najac, Isarn de Najac, A. de Montaigut, Guilhem Barasc étaient réunis à Najac chez un certain B. Amblard, quand arrive l'un des consuls, Uc Paraire : « *Nous sommes tous perdus,* s'écrie-t-il, *le seigneur comte est mort.* — *Impossible,* répond Barasc, *le seigneur comte ne peut mourir ainsi.* » Émus pourtant, ils sortent et vont à la tour comtale ; là ils trouvent les consuls, les nobles et les hommes du château réunis et parlementant avec le châtelain, Guilhem Raimondin ; les mutins, conduits

---

1. Teulet et de Laborde, *Layettes du Trésor des chartes*, III, pp. 581-584. — Ces accusations eurent pour résultat de faire transférer Jean d'Arcis en Venaissin (voyez Boutaric, *Saint Louis et Alfonse de Poitiers*, pp. 168-170) ; mais elles devaient être assez mal fondées, car ses nouveaux administrés n'eurent qu'à se louer de son désintéressement, désintéressement que rendait encore plus méritoire son manque de fortune personnelle (Boutaric, *ibid.*).

2. Voir l'enquête de 1251.

3. Aveyron, arr. Villefranche.

4. Enquête de 1251.

par les anciens seigneurs dépossédés, et surtout par un certain Guilhem de Lavalette, ordonnent au châtelain de leur remettre les clés du donjon, non sans le menacer de mauvais traitements en cas de refus. Guilhem Raimondin refuse net; alors interviennent les consuls, qui amènent avec eux le baile comtal, Raimond Hugues, et celui-ci engage le châtelain à céder. Nouveau refus de ce dernier, qui ne se décide à obéir que lorsque Guilhem Barasc a trouvé un arrangement : la clé est rendue de par le comte aux consuls, qui s'engagent à tenir le donjon au nom de celui-ci et de tous ceux qui y auraient droit, c'est-à-dire pour nous, ajoutent les seigneurs.

Maîtres de la tour, les rebelles, que les consuls ne peuvent plus contenir, font une assemblée. Là, pour gagner le peuple, on fait courir les bruits les plus invraisemblables : le dernier comte, dit-on, a donné le château à Guilhem Barasc et à son fils; en tout cas, bien certainement, il n'eût pas voulu voir tomber sa terre entre les mains de ces Français qu'il détestait si fort; aussi, ajoute-t-on, il l'a léguée tout entière à l'infant de Castille. Grâce à ces insinuations, grâce aussi au trouble et à la surexcitation qui régnaient dans tous les esprits, ils décident les habitants de Najac à faire *une conjuration;* tous s'engagent par serment à se défendre mutuellement, à ne pas laisser soumettre le château à un prince étranger. La plupart jurent, quelques-uns avec des restrictions, et les seigneurs font ajouter, malgré le consul Uc Paraire, qui trouve que l'on va trop loin, une clause comminatoire contre les contrevenants : quiconque cherchera à donner à Najac un maître étranger perdra la tête.

Comptant alors sur l'appui de tous les habitants, qui se sont compromis avec eux, les seigneurs de Najac ne ménagent plus rien. La maison du baile du comte est envahie, mise sous séquestre; le baile reçoit l'ordre de ne plus se mêler de l'administration de la ville et on défend aux hommes du comte de porter plainte par devant lui. Un nouveau baile est créé, les archives de la cour du comte sont saisies par les seigneurs, qui espèrent y retrouver leurs titres, confisqués sans doute par Raimond VII. Les consuls ont beau leur représenter ce qu'il y a d'excessif dans cette mesure, ils insistent et le baile du comte doit livrer les actes, sous peine de voir briser le coffre où ils sont renfermés. Non contents de cette violence, les seigneurs font lire, devant tous les habitants, les enquêtes judiciaires, dévoilant ainsi mille petits secrets dont la publication devait mettre la discorde dans toute la ville. Les propriétés du feu comte sont confisquées; une de ses maisons sert d'écurie à l'un des révoltés; défense est faite de vendanger sa vigne, qui reste plus de quinze jours abandonnée aux chiens et aux vagabonds et dont la récolte pourrit sur place; défense de payer le commun de la paix, etc.; le nom du comte disparaît des proclamations faites par le crieur public. En un mot, les seigneurs ne cachent nullement leurs prétentions; ils veulent se rendre absolument indépendants; plus de baile, plus de comte, tout au plus la suzeraineté du roi de France, auquel on paiera une redevance annuelle de trente marcs. Le chef de la révolte, Guilhem de Lavalette, ne dissimule point ses sentiments : loin de partager le deuil universel qu'a excité la mort de Raimond VII, il maudit quiconque pleurera le comte, cet *exheredator;* pour marquer sa joie, il se promène couronné de fleurs, avec un chaperon rouge, une tunique brodée d'or et de soie. Jamais, disent les témoins, nous ne l'avions vu si alerte; il parcourait la ville en chantant, ajoute l'un d'eux.

Mais, pour ne pas expier chèrement ce triomphe bien éphémère, il fallait des alliés. Les seigneurs essayent d'entraîner le sire de Caussade qui vient à Najac; ils vont à la Guépie pour s'entendre avec les mécontents de l'Albigeois. Mais ces démarches devaient rester inutiles : au fond, les habitants de Najac ne suivaient leurs seigneurs qu'à regret et n'étaient nullement disposés à les soutenir jusqu'au bout.

Sicard Alaman[1], lieutenant du comte Alfonse, alors en Orient, ne pouvait laisser cette révolte impunie. Sur son ordre, le sénéchal de Rouergue, Raimond du Pui, envoie à Najac un chevalier, nommé Gaillard Montarsis (*Montarsinus*), pour demander aux rebelles de restituer les droits usurpés. Refus des seigneurs qui déclarent qu'à l'avenir ils ne supporteront plus la présence d'un baile; la plupart des habitants se déclarent prêts à les soutenir. Le sénéchal vient alors lui-même à Najac. On commence par le faire attendre longtemps, la nuit, sous la pluie, à la porte du donjon; on essaie de lui persuader d'aller loger en ville, on lui fait observer que les gardiens de la tour ont juré de ne laisser

---

1. Sur cette intervention de Sicard Alaman, voir un article biographique de M. Compayré sur ce personnage, *Mémoires de la Société archéologique du midi*, XI, pp. 60-62; cet article contient d'ailleurs quelques erreurs de détail.

entrer personne pendant la nuit. Toutes ces défaites ne l'arrêtent point ; il insiste, à la fin les consuls interviennent et lui font ouvrir une poterne. Les seigneurs n'étaient pas en force ; ils n'en continuent pas moins leurs bravades, refusent toute satisfaction au sénéchal, déclarent qu'ils n'ouvriront pas à Sicard Alaman, vînt-il seul, un faucon sur le poing. Ils durent pourtant bientôt céder. Dès le 1er décembre, les consuls et prud'hommes de Najac prêtaient serment de fidélité au comte Alfonse à Toulouse[1], et le 3 janvier suivant (1250) la tour de Najac ouvrait ses portes, sans coup férir, à Sicard Alaman.

Une fois installés dans le pays, Alfonse et ses officiers, qui ne pouvaient laisser impunies de pareilles usurpations, s'occupèrent de faire rentrer les seigneurs de Najac dans le devoir. L'enquête plus haut citée, qui est du mois de juin 1251, prouve que les poursuites judiciaires et administratives avaient déjà commencé à ce moment. Elles étaient à peu près terminées au commencement de 1253, date de la lettre de Jean d'Arcis au comte de Toulouse. Ce dernier document nous apprend que le sénéchal avait commencé par confisquer les biens de tous les habitants de Najac au nom du comte, leurs possesseurs étant tous félons et traîtres. Pour faire exécuter plus facilement cette décision, il saisit de l'affaire les tribunaux ecclésiastiques et fit poursuivre les principaux coupables comme hérétiques. Mais son zèle pour les intérêts de son maître était tel qu'il dépassa la mesure. L'un des complices de la révolte de 1249, le consul Uc Paraire, poursuivi par la cour de l'évêque de Rodez, faisant fonction d'inquisiteur dans son diocèse, fut, il est vrai, déclaré hérétique et livré au bras séculier, c'est-à-dire au sénéchal, qui le fit aussitôt brûler et confisqua ses biens valant mille livres tournois[2]. Mais, si quelques-uns des principaux habitants de Najac pouvaient ainsi être poursuivis comme hérétiques, l'orthodoxie de la plupart des autres devait être bien certaine, et peu après la cour de l'évêque montra moins de complaisance pour le sénéchal. Six

---

1. *Histoire de Languedoc*, nouvelle édit., t. VIII, col. 1264.

2. Remarquons cependant que Uc Paraire n'était pas le plus coupable et que tous les témoins cités dans l'enquête de 1251 s'accordent à le représenter comme jouant surtout le rôle de conciliateur entre les seigneurs et les agents du dernier comte. En 1277, une partie de ses biens était encore entre les mains du roi ; deux maisons qui lui avaient appartenu furent vendues à cette date par le sénéchal aux consuls de Najac (Collect. Doat, vol. 146, f. 60-61).

accusés étaient traduits devant elle; le sénéchal espérait une condamnation assez forte pour lui permettre de confisquer leurs biens. Avant de prononcer la sentence, l'évêque, jugeant sans doute qu'il allait trop loin, voulut lui faire promettre de rendre une partie de leurs biens aux condamnés ou tout au moins à leurs enfants. Cet officier refusa, et l'évêque se contenta d'imposer aux inculpés des pénitences légères, n'entraînant pas la perte des biens. Irrité, le sénéchal met ces derniers sous la main du comte, en laissant aux condamnés une provision pour leur subsistance et celle de leur famille. Ces biens, tant meubles qu'immeubles, valaient mille livres tournois.

Dans cette première circonstance, le sénéchal avait eu à vaincre les scrupules légitimes de l'évêque et de ses juges; dans d'autres cas, il eut à lutter contre les intérêts de l'Église. Un certain Bernard Valier, de Najac, meurt et laisse par testament ses biens, partie à l'Église pour être employés en fondations pieuses, partie au comte. Ce personnage était bâtard et avait d'ailleurs femme et parents. Sans tenir compte du testament, le sénéchal fait saisir tous les biens du défunt en déclarant que, coupable de trahison comme tous les habitants de Najac, il n'avait pu disposer de ses biens, qui étaient tombés en commise. Là-dessus réclamations des léga-taires; le sénéchal finit par proposer au comte de transiger; les biens du défunt, lui écrit-il, valent environ 10,000 livres tournois; les héritiers donneront bien 50 à 60 marcs pour faire reconnaître la validité du testament. Autre cas: un chevalier de Najac, dont les biens ont été saisis, meurt et laisse sa fortune à l'Église. Le sénéchal maintient la saisie: en effet, dit-il, le testateur était suspect d'hérésie.

Quant aux seigneurs de Najac (*domini*), instigateurs de la révolte, le sénéchal fait observer au comte qu'ils ne pourraient trouver de répondants et qu'il est préférable de composer avec eux. De même pour le menu peuple de Najac; la crainte de l'in-quisition, de la vengeance du comte est si grande que de jour en jour la population diminue, et les intérêts du comte gagne-raient à s'accorder avec eux touchant le droit de commise; d'ail-leurs, ajoute le sénéchal, même après la composition, les biens de la plupart des habitants pourront être attribués au comte, beaucoup étant hérétiques. Enfin Jean d'Arcis approuve le projet, conçu par Alfonse, de construire un nouveau château plus fort que l'ancien et annonce qu'il a déjà rassemblé les matériaux nécessaires, chaux et pierres, et qu'il a embauché des ouvriers.

Alfonse de Poitiers suivit l'avis de son sénéchal et pardonna aux habitants de Najac; ce pardon fut suivi de l'octroi d'une charte de coutumes datée d'août 1255, que de Gaujal a publiée[1]. Nous ne pouvons analyser ici toutes les dispositions de cet acte important. Notons seulement que, comme la plupart des chartes accordées aux villes et villages de son domaine par le comte de Poitiers, celle de Najac ne stipule aucune liberté municipale. La ville est administrée par le baile du comte qui rend la justice civile; c'est lui qui nomme chaque année les consuls, le 2 février, jour de la Purification, et il peut maintenir les mêmes personnes dans le consulat plusieurs années de suite. Ces consuls ne possèdent aucune juridiction civile ou criminelle; ils n'ont de compétence qu'en matière de voirie; ils peuvent, d'accord avec le baile du comte, punir ceux qui jettent des immondices dans les rues, faire réparer les places publiques, les rues de la ville, etc. Les autres articles de la charte concernent les libertés civiles accordées aux habitants, les exemptions dont ils jouissent et fixent les droits de leude dus au comte et les amendes perçues par lui pour chaque délit.

Cet accord entre le comte Alfonse et les habitants de Najac n'arrêta pas les poursuites des inquisiteurs. Le sénéchal le faisait déjà pressentir dans sa lettre de 1253, et c'est à la suite de ces procédures que fut bâtie l'église de Najac. Le 5 avril 1258, les inquisiteurs, frères Guillaume-Bernard d'Aix et Rainaud de Chartres, offrirent aux consuls et prud'hommes de Najac de remettre aux habitants toutes les pénitences à eux imposées jusqu'à ce jour pour fait d'hérésie, à condition pour la communauté de reconstruire, dans les sept ans, l'église paroissiale, sous l'invocation de saint Jean-Baptiste, l'ancienne étant devenue trop petite pour la population du bourg. La nouvelle église devra avoir 28 brasses de long, 7 de large et une couverture en pierre. Les inquisiteurs promirent d'affecter à cette œuvre pie le produit des amendes par eux imposées à divers habitants de Najac.

Après délibération, les consuls de Najac acceptèrent la proposition, et acte fut rédigé de cet accord quatre jours plus tard (9 avril 1258)[2]. Remarquons à ce propos que telle était en effet

1. T. I, pp. 326-329.
2. Pièces justificatives, n° II.

l'habitude des inquisiteurs ; ils imposaient souvent aux villes hérétiques à titre de pénitence l'obligation de reconstruire leur église. Dès 1254, Rainaud de Chartres et son collègue Jean de Saint-Pierre avaient passé un accord semblable avec les habitants de Lavaur[1] ; et, en 1271, un de leurs successeurs, Pons du Pouget, imposa la même obligation à ceux de Gaillac[2].

La construction d'une église était une lourde charge pour une ville appauvrie et dépeuplée, comme l'était Najac à cette époque. Pour permettre à la communauté de remplir ses engagements, les inquisiteurs, suivant une habitude constante de leur procédure, commuèrent les peines mineures infligées à certains habitants en amendes applicables à l'œuvre de la nouvelle église. De ces habitants de Najac, les uns avaient été condamnés à des pèlerinages aux principaux sanctuaires de France et d'Allemagne, les autres au voyage d'outre-mer, et la plupart n'avaient point encore rempli leurs engagements. Les inquisiteurs décidèrent qu'ils auraient à verser une certaine somme à l'œuvre de l'église, et l'un d'eux, trop pauvre sans doute pour s'acquitter en argent, fut condamné à travailler un jour par semaine, sans salaire, au nouvel édifice, jusqu'à son achèvement. Les consuls de Najac furent chargés de recevoir les sommes imposées à chacun des pénitents et d'apprécier la valeur des preuves fournies par ceux qui prétendraient avoir accompli leurs pénitences[3].

La construction de l'église commença presque immédiatement ; mais bientôt s'élevèrent à Najac les querelles qui divisaient le menu peuple et les prud'hommes, dans la plupart des villes du Midi, dès qu'il s'agissait de répartir une contribution extraordinaire. Le menu peuple prétendit, comme toujours, qu'il était surchargé par les bourgeois et que ceux-ci ne payaient pas une somme proportionnée à leurs biens. Après de longues querelles, les deux parties prirent pour arbitre Barthélemi de Landreville, châtelain de Puicelsi et fils de Pierre de Landreville, sénéchal de Rouergue et d'Albigeois. Ce seigneur, par un jugement arbitral rendu le 15 juin 1262, fixa la somme à payer par plusieurs des opposants, et décida que la répartition serait faite par les trois prud'hommes nommés dans l'acte et par les consuls de la ville. Cet accord

1. *Histoire de Languedoc*, nouvelle édition, t. V, col. 1538-39.
2. Compayré, *Études sur l'Albigeois*, pp. 377-79.
3. Chartes du 24 et 26 avril 1252. — *Pièces justificatives*, III et IV.

n'ayant pas entièrement satisfait les parties, elles s'adressèrent l'année suivante à Philippe de Boissy, sénéchal de Rouergue, qui, le 10 juin 1263, confirma la première sentence et décida de plus que les collecteurs de la taille seraient au nombre de six, quatre prud'hommes et deux consuls, et qu'on ferait à cette occasion un nouveau recensement des biens des habitants de Najac, pour tenir compte des pertes et dés gains faits par chacun d'eux [1].

La construction de l'église était dès lors assurée, mais elle traîna en longueur et la quittance définitive de l'architecte chargé de cette œuvre, maître Bérenger Jornet, est datée du 31 novembre 1269. Cet acte nous donne le prix des travaux : 31,000 sous caorsins, prix fait, pour toute l'œuvre, plus 8 livres de caorsins pour la voûte. Le sou de Cahors valant exactement la moitié du sou tournois [2], nous avons pour l'ensemble des frais un total de 15,580 sous tournois. La valeur du sou tournois était sous saint Louis, d'après les calculs de M. de Wailly, de 0 fr. 8986 ; par suite 15,580 sous tournois = 14,000 fr. 188, valeur intrinsèque. Le pouvoir de l'argent étant cinq fois plus fort au XIIIe siècle qu'aujourd'hui, la construction de l'église entière coûta environ 70,000 fr. et celle de la voûte 359 fr. 47 c.

Il y a plusieurs remarques à faire sur ces chiffres. Si l'on supposait que l'architecte, maître Bérenger Jornet, eût, comme un entrepreneur de nos jours, à payer sur cette somme de 70,000 fr. la main-d'œuvre et les matériaux, il faudrait admettre que les travaux de construction étaient beaucoup moins chers au XIIIe siècle que de nos jours. Si fruste et si simple qu'elle soit, l'église de Najac est de grande dimension et aujourd'hui aucun entrepreneur n'accepterait de construire un monument de cette taille pour une somme aussi modique. D'autre part, dans un des actes plus haut analysés, nous voyons les inquisiteurs imposer à un de leurs pénitents un jour de travail manuel gratuit par semaine pour l'œuvre de l'église ; or, l'intention des frères prêcheurs était d'aider la commune de Najac à supporter les dépenses de la construction de la nouvelle église, et, si maître Jornet avait eu à payer la main-d'œuvre sur les 70,000 francs qui lui furent alloués, ce serait lui qui eût bénéficié de ces services gratuits. Nous pensons donc que le gros œuvre de l'église, murs, fondations, etc.

1. *Pièces justificatives*, V.
2. Texte de 1269, cité par Boutaric (*Alfonse de Poitiers*, p. 214).

furent construits aux frais de la ville, sous la direction de maître Jornet, et que les 70,000 francs reçus par celui-ci représentent ses honoraires, le 5 pour cent des architectes d'aujourd'hui, et le prix des quelques travaux d'art, sculptures, ornementation, etc., qu'il exécuta probablement lui-même. Ajoutons que rien dans l'église de Najac n'autorise à mettre cet architecte au rang des grands artistes du xiiie siècle. Originaire du Midi, ainsi que l'indique suffisamment son nom, il n'avait sans doute pris aucune leçon des grands architectes gothiques du Nord, et, si l'église construite par lui est de style français, il ne faut pas oublier que l'influence française, prépondérante dans le Languedoc, commençait dès cette époque à faire oublier aux méridionaux leur nationalité. Ce qui s'était passé en politique eut lieu certainement pour les arts, et dès la fin du xiiie siècle l'ancienne architecture romane du Languedoc commençait à faire place au gothique du nord de la France.

II.

Située sur la rive gauche de l'Aveyron, sur la crête d'un étroit promontoire qui s'étend de l'est à l'ouest, la petite ville de Najac est défendue par la rivière de trois côtés, au nord, à l'ouest et au midi. Deux routes y conduisent : l'une bien entretenue et carrossable ; l'autre, chemin de mulet taillé dans le roc, était peut-être au moyen âge la seule qui conduisît au château. Deux ponts sont jetés sur l'Aveyron à l'ouest et au nord de la ville ; ce dernier, que l'on trouve en se dirigeant de la station du chemin de fer vers Najac, a eu le bonheur de ne pas être restauré. Il passe pour avoir été construit en 1288[1]. Il est, comme le château de Najac, bâti en grès rougeâtre ; assez large, il est protégé en amont par des éperons en angle aigu, en aval il est garni de simples redans carrés ; les arches sont en tiers-point.

Najac se compose de deux parties, la vieille et la nouvelle ville. La vieille ville est groupée à l'extrémité ouest du promontoire, autour du château et de l'église ; la nouvelle s'est formée peu à peu sur les bords de la route qui mène au château ; c'était anciennement le *Faubourg*. Aussi n'y a-t-il guère qu'une seule rue à

1. Bosc, *Mémoires sur le Rouergue*, t. II, p. 97.

Najac, dont, du haut du donjon, on embrasse facilement la ligne légèrement sinueuse.

Nous ne croyons pas nuire à la réputation de la ville de Najac en disant qu'elle est peu connue et que jusqu'ici elle n'a reçu la visite que de bien peu d'archéologues ou même de touristes. Quelques mots dans le procès-verbal du Congrès archéologique de 1863[1], une mention dans les *Mémoires de la Société des lettres de l'Aveyron*[2], une étude sur le château[3], voilà tout ce qui a été écrit sur cette ville. Il y aurait pourtant beaucoup à dire et surtout sur le château, seul étudié jusqu'ici ; mais l'étude de ce monument serait fort longue et demanderait plus de temps que nous n'en pouvions consacrer à Najac lors de notre excursion. Nous ne voulons guère donner ici qu'une description de l'église, intéressante à plus d'un titre. Cependant qu'on nous permette de faire une courte digression et de dire d'abord quelques mots des autres curiosités de Najac.

Tout d'abord, le château. Il a été dans ces dernières années, de la part de son nouveau propriétaire, l'objet de réparations bien dirigées qui ont sauvé le donjon d'une ruine imminente ; mais ce n'est là que partie remise. Espérons qu'il sera bientôt classé parmi les monuments historiques. Il y a vingt ans qu'il devrait l'être ; on aurait ainsi évité la démolition de la grosse tour carrée, la partie la plus ancienne du château, et de bien d'autres constructions qui sont maintenant presque entièrement rasées. Notre intention n'est pas d'étudier ici ce château ; nous signalerons toutefois en passant une curieuse peinture qui se trouve dans une des embrasures de la grande salle du premier étage du donjon. L'auteur de l'article que nous citons plus haut n'a fait que la mentionner comme « des traces de peintures », et n'y a pas attaché d'autre importance, remarquant toutefois que là se trouvait la chapelle, comme l'indiquent suffisamment et cette peinture et le lavabo creusé tout à côté dans l'épaisseur de la muraille.

Cette peinture se trouve dans une des meurtrières ou plutôt

1. *Congrès archéologique de* 1863, *tenu à Rodez*, p. 163.

2. *Mémoires de la Société des lettres, sciences et arts de l'Aveyron*, t. IV, 1842-1843, p. 597.

3. Par B. Dusan (*Revue archéologique du midi de la France*, I, pp. 9-24, avec planches).

dans la loge voûtée d'un berceau en tiers-point qui, comme dans beaucoup d'autres constructions militaires, précède la meurtrière. Ce premier étage servait de chapelle et c'est évidemment dans ce réduit qu'était placé l'autel. A la hauteur de l'imposte de la voûte se trouve une large moulure en quart de cercle. Cette moulure a reçu pour ornement une peinture blanche sur laquelle se détachent une bordure rouge sang et des bandes alternativement jaunes et rouges. Le mur, au-dessous de l'imposte, a reçu une ornementation différente et qui, à distance, ressemble au vair héraldique ; ce sont des écussons d'environ 14 cent. de haut et de 12 cent. de large, blancs, se détachant sur un fond gris foncé. Ils sont disposés symétriquement par files de six. La même ornementation se retrouve à la voûte, mais ici il n'y a plus que quatre écussons dans chaque file, deux nouvelles bordures ayant occupé une partie de l'espace disponible : l'une, extérieure, composée d'un simple listel rouge et jaune ; l'autre, au fond de la niche, composée d'une série de feuilles aiguës inscrites dans des triangles alternativement blancs et noirs ; les feuilles sont noires, et quand le triangle est noir elles sont bordées d'une ligne blanche. Le tout est limité de chaque côté par un listel rouge et jaune.

Sur le mur de fond, dans la partie comprise entre la voûte et ses impostes, l'artiste a peint son principal sujet. Sur un fond jaune est dessiné un portique composé de trois arcades en tiers point, une grande centrale et deux petites latérales. Sous chacune des arcades latérales est un clerc, debout, tête nue, dans une attitude d'adoration ; tous deux sont vêtus d'un manteau rouge à capuchon ; celui de droite tient un livre fermé, de la main gauche. Ces deux personnages se détachent sur un fond gris. Aux pieds du clerc qui se trouve à gauche du spectateur, se voit un chevalier agenouillé, les mains jointes, vêtu du haubert, une large épée à la ceinture. Ce personnage est de dimensions très exiguës. Il y a apparence qu'aux pieds du clerc de droite se trouvait un personnage semblable et dans la même attitude ; du moins certaines traces de peinture noirâtre permettent de le supposer.

Le centre de la composition est occupé par un personnage de haute taille, assis, vêtu d'une tunique rose pâle et d'un grand manteau dont on ne voit plus que des vestiges grisâtres. Ce personnage est couronné et porte les cheveux longs et encadrant les joues à la mode du XIIIe et du commencement du XIVe siècle ; mais l'état de dégradation de la peinture ne permet d'apercevoir aucun vestige du nimbe qui, selon toute vraisemblance, encadrait sa tête. De la main droite, ramenée à la hauteur du cou, il semble bénir ; quant à la gauche, elle a complètement disparu.

Quel peut être ce saint couronné ? Un nom se présente immédiatement à l'esprit, celui de Louis IX. Le style du dessin indique le commencement du xive siècle et nous nous trouverions là, si cette conjecture était admise, en face d'une des plus anciennes représentations de ce saint. Nous donnons cette hypothèse pour ce qu'elle vaut. Remarquons toutefois que la dédicace d'une chapelle à saint Louis, dans un château royal, n'aurait rien d'inadmissible ; il en était de même à Carcassonne, et dans une des tours de la cité une chapelle lui était consacrée[1]. Mais ce ne sont là que des suppositions que l'état de dégradation du monument ne permet pas de présenter d'une façon plus affirmative.

Avec le château et l'église, les seules curiosités de Najac sont une fontaine du xive siècle, quelques vestiges des anciens murs et de vieilles maisons. Nous parlerons d'abord de la fontaine, qui se trouve sur une place, à peu près au centre de la ville. Elle fut signalée à l'attention des archéologues dès 1863, dans une lecture faite lors du congrès pour la conservation des monuments tenu à Rodez[2]. Cette fontaine est curieuse à plus d'un titre. Elle se compose d'un seul bloc de granit ; c'est un dodécagone régulier dont chaque face extérieure a 90 cent. et chaque face intérieure 75 cent. de large, ce qui donne une épaisseur de 25 cent. et un périmètre total de 10 mètres 80. La hauteur du bassin est de 65 cent., la profondeur de 50 cent. C'est, on le voit, une masse assez respectable. Une vasque, montée sur un pied en balustre, se dresse au milieu du bassin ; mais il faut certainement voir dans ce récipient de forme disgracieuse une restauration moderne, qui a dû remplacer une construction ancienne.

Certains archéologues, entre autres Edward Barry, ont, au dire des gens du pays, prétendu que ce bassin n'était pas en pierre, mais en béton. Ils se fondaient sur ce que l'on ne trouve point aux environs de Najac de granit semblable. Ce n'est pas là, croyons-nous, un argument bien solide. Il est vrai qu'au moyen âge, à cause de la difficulté des communications, on se servait plus souvent qu'aujourd'hui des matériaux qu'on avait sous la

1. Mahul, *Cartulaire du diocèse de Carcassonne*, t. V, pp. 701, 730 et 731.
2. *Comptes-rendus des séances du congrès archéologique de 1863*, p. 163.

main; mais on a cependant nombre d'exemples du contraire et, pour n'en citer qu'un seul, le château et l'église de Najac ne sont point construits avec la pierre du pays même, mais avec des matériaux amenés des environs et d'une assez grande distance. En outre, les fontaines monolithes de cette dimension sont assez fréquentes au moyen âge. Enfin, et c'est là un argument qui a sa valeur, nous avons trouvé des blocs d'un granit tout semblable dans les murs de plusieurs maisons de Najac. D'ailleurs le béton est bien reconnaissable; à Carcassonne, on en voit quelques blocs qui servent de linteaux à des fenêtres de la fin du xie siècle; c'est un composé de fragments de briques et de grès, d'un aspect assez fruste et qui n'a aucune analogie avec la matière dont est composée la fontaine de Najac. De plus, au xiv° siècle, était-on parvenu à couler des masses de béton aussi considérables, c'est ce que nous ne voudrions point affirmer[1].

Chacun des angles du dodécagone est orné d'une colonne engagée à laquelle quelques moulures fort grossières servent de base et de chapiteau; des moulures de même style décorent la partie inférieure et le rebord du bassin. Sur sept des côtés se développe une inscription en belles capitales gothiques d'une hauteur de 0,10 et d'un relief de 0,015. Cette inscription, que quelques Najacois croient hébraïque, a été malheureusement en partie effacée; elle disparaît de jour en jour davantage, grâce aux horions que ne lui marchandent pas les ménagères de Najac, quand elles viennent puiser de l'eau. Chaque face est en outre décorée de grossières sculptures, dont voici l'indication :

1° Une tête d'homme, plus grande que nature, de face, barbue et ornée d'une couronne ouverte.

2° Une tête d'évêque, de face, mitré, bénissant; la crosse et la main qui la tenait ont disparu.

3° Une tête d'homme de face, imberbe, portant une coiffe.

4° Une tête d'homme de face, à longue barbe et à longs cheveux.

5° et 6° Deux têtes semblables à la précédente.

7° Une tête d'homme de face, mutilée.

8° Une tête d'homme de face, mutilée.

9° Un mufle de lion.

---

1. Voyez Viollet Le Duc, *Dictionnaire raisonné d'architecture*, II, pp. 205-206.

10° Une tête d'homme de face, à longs cheveux et couronnée.

11° Une tête d'homme, couronnée.

12° Un château héraldique, composé de trois tours, celle du milieu plus élevée. L'auteur de l'*Itinéraire de la France*[1] y a vu les armes de Castille; il ne s'agit évidemment ici que des armes de Najac, telles que nous les montrent les sceaux de la commune[2].

Voici maintenant un essai de restitution de l'inscription :

ANNO·DomiNI·Millesimo || CCC°XL°[IIII][3] || FOron COSOLS || R' : DE PLA⁹EL⁹ || AM ////// ////// : EL ///////// BOS || OS AC(?) P·De POZ || OL'S : Benedictio DOMINⁱ.

« L'an du seigneur 1344 furent consuls R. de Plasels (*ici deux prénoms et deux noms illisibles*), P. de Pozols. Bénédiction du Seigneur! »

Des ruines des fortifications de Najac nous n'avons presque rien à dire; les habitants y ont tant pris de pierres que ce qui en reste est peu de chose. Une porte qui se trouve au-dessous du château, à cheval sur la rue qui conduit à l'église, est cependant assez bien conservée: un débris de courtine la surmonte et montre que le rempart était peu élevé. Le tout ne doit pas être de beaucoup postérieur à la construction du château, c'est-à-dire de la dernière partie du XIIIᵉ siècle.

Quant aux constructions civiles, il ne faut les étudier qu'avec beaucoup de défiance. Depuis la révolution jusqu'à ces derniers temps, le château a été considéré par les habitants comme une véritable carrière de pierre, et on ne saurait croire combien de maisons ont été restaurées ou même édifiées de fond en comble avec les débris de la construction d'Alfonse de Poitiers; mais ce ne sont pas là des maisons du XIIIᵉ siècle. La plupart des constructions ne remontent pas au delà du XVIᵉ siècle. Il faut

---

1. *Itinéraire général de la France* par A. Joanne, t. V, *De la Loire à la Garonne*, p. 536 (édition de 1879).

2. Douët d'Arcq, *Collection des sceaux des Archives nationales*, t. II, p. 894, nᵒˢ 5847 et 5848 (sceaux de 1243 et de 1303).

3. Nous restituons le chiffre « IIII » d'après la communication faite au congrès archéologique que nous avons citée plus haut; l'inscription était sans doute alors moins effacée qu'aujourd'hui.

cependant faire quelques exceptions : près de l'église notamment se trouve une fort jolie maison de la fin du XIIIᵉ siècle ou du commencement du XIVᵉ ; le rez-de-chaussée sert aujourd'hui de cellier ; il est percé de grandes arcades en tiers-point, et le premier étage est éclairé par des fenêtres ornées de jolies colonnettes et de découpures de style rayonnant.

Najac possédait autrefois plusieurs églises : Saint-Barthélemy, Saint-Jean-l'Évangéliste, Saint-Julien[1] et une chapelle construite au milieu du cimetière, sur le versant ouest de la colline, au-dessous de Saint-Jean. De cette dernière, il ne subsiste rien, non plus que de Saint-Julien, à moins que cette dernière église ne s'élevât sur l'emplacement qu'occupa plus tard Saint-Jean, qui, croyons-nous, fut édifié sur l'emplacement de l'ancienne paroisse de Najac.

L'église de Saint-Barthélemy, qui se trouve dans la grand'rue, en allant vers Saint-Jean, a été transformée en grange depuis nombre d'années et les divisions intérieures qu'on y a pratiquées en rendent la visite à peu près impossible. La porte, en cintre brisé, a chacun de ses pieds droits orné de deux colonnettes ; un oculus de petite dimension est percé au-dessus de la porte, mais il semble d'une époque postérieure à l'ensemble de la construction ; il n'est du reste décoré d'aucune moulure. C'est là tout ce qui reste de Saint-Barthélemy ; nous ne pensons pas que cette construction soit antérieure au XIVᵉ siècle, mais ce n'est là qu'une conjecture, car, nous le répétons, il faudrait voir l'intérieur, chose impossible pour le moment.

Parlons maintenant de l'église de Saint-Jean-l'Évangéliste. Elle s'élève à l'extrémité ouest de Najac, dans une situation incomparable au point de vue du pittoresque, mais très mal choisie pour y établir une construction de quelque étendue. Cela prouve, à notre avis, que cette église a été construite sur l'emplacement de celle que les inquisiteurs trouvèrent trop mesquine et trop étroite. On s'accommoda comme on put du terrain que l'on possédait, ce qui força l'architecte à recourir à un certain nombre d'artifices.

En effet, le terrain sur lequel est bâti Saint-Jean est incliné du levant au couchant, à tel point qu'il existe une différence de

1. Voyez Teulet, *Layettes du Trésor des chartes*, II, 269 *a* (acte du 28 août 1234).

5 mètres 50 cent. ou 6 mètres entre le niveau du chevet et celui de la façade ; l'inclinaison du nord au midi est encore plus forte : la différence de niveau est d'au moins 7 à 8 mètres. Dans ces conditions l'établissement d'une aire plane d'une grande étendue était difficile. Mais, si l'on dut entasser les matériaux pour racheter ces énormes différences de niveau, on n'eut pas du moins la peine de creuser profondément les fondations, car on bâtissait sur le roc vif, comme au château, où la base talutée du donjon est, en grande partie, taillée dans le rocher même.

Les mêmes ouvriers ont-ils travaillé au château et à l'église, c'est ce que nous ne saurions dire ; les marques d'assemblage ou d'ouvriers qui existent au château ont été relevées[1] ; nous avons cherché partout sur les murs de l'église sans rien rencontrer de semblable. La seule marque que nous ayons trouvée consiste en une grande fleur de lys gravée sur le flanc nord de l'église, près de l'angle formé par la façade, mais nous ne saurions dire s'il faut voir là une marque d'ouvrier ou un *graffito* dû à quelque gamin du moyen âge.

L'église de Saint-Jean est orientée régulièrement, c'est-à-dire que son chevet fait exactement face au soleil levant. Les matériaux employés sont à peu près les mêmes qu'au château : c'est un grès des environs de Najac, de couleur rougeâtre, et qui résiste fort mal à l'action de la pluie. L'appareil est moyen et assez régulier, au moins en ce qui touche à la hauteur des assises, car la longueur des pierres varie naturellement beaucoup. La couche de mortier qui sépare chaque assise est très épaisse, surtout dans les contreforts. L'extérieur n'a pas reçu de crépi ; il n'en est pas de même à l'intérieur, dont toute la surface est revêtue d'un badigeon fort épais et du plus mauvais goût.

L'acte du 9 avril 1258 nous donne les dimensions que devait avoir l'église : 28 brasses de longueur sur 7 de largeur. La longueur, à l'intérieur, est de 46 mètres, la largeur de 11 mètres 50 cent., et, l'église ayant quatre travées, chacune d'elles est exactement carrée. En prenant ces dimensions pour base de l'évaluation de la brasse, on trouve que cette mesure équivalait à peu près à 1 mètre 642.

La façade n'a rien d'élégant. La porte s'ouvre entre deux

1. **Dusan**, *ut suprà*, p. 24.

énormes contreforts qui écrasent complètement le reste de la construction. On y accède par un perron de trente marches de construction moderne (il date de 1870). Avant cette époque, on montait par un escalier tout droit et, paraît-il, fort incommode.

L'espace compris entre les deux contreforts, le mur de face de l'église et le perron a été utilisé ; on en a fait un porche couvert d'un toit en appentis que supportent deux colonnes doriques. Ces colonnes sont une restauration du dernier siècle, peut-être même plus récente, mais le porche a toujours existé, comme l'indiquent suffisamment les corbeaux de pierre qui sortent du mur un peu au-dessous du sommet du toit actuel ; lors de la restauration, les poutres ont été fixées dans le mur de manière à établir le toit sous un angle plus aigu.

La porte, dont la baie a 2 mètres 25 de large, est percée par retraite de cintres. Sur les pieds droits se détachent cinq colonnettes engagées auxquelles correspondent les moulures rondes des arcs ; les chapiteaux, fort simples, sont ornés de crochets.

Au milieu de la façade, au-dessus de la porte, s'ouvre une large rose à dix compartiments formés par des arcs trilobés, séparés à leurs extrémités par un quatrefeuille. Cette rose est de grande dimension. Remarquons en passant que le nombre des ouvertures destinées à éclairer l'église a été restreint au strict nécessaire, mais que, par contre, chacune de ces ouvertures a été largement taillée dans le mur, dont l'épaisseur (1 mètre 50) défiait toutes chances de ruine. Une petite baie, placée presqu'au faîte du pignon, éclaire les combles et l'extra-dos de la voûte.

Examinons maintenant les flancs de l'édifice, et d'abord le flanc nord où se trouve le clocher. Comme sur la façade, nous nous trouvons en face d'un mur épais que soutiennent de larges contreforts qui vont en se rétrécissant de la base au sommet au moyen de talus. Dans le mur de la première et de la quatrième travée sont percées de larges et hautes fenêtres divisées en deux lancettes par un meneau central, fortement ébrasées à l'intérieur et à l'extérieur ; nous en reparlerons tout à l'heure, en même temps que nous décrirons le mode fort rare de clôture dont elles offrent un exemple.

A la seconde travée, nous trouvons une porte, précédée d'une marche qui va d'un contrefort à l'autre, en tout semblable à la porte principale et de mêmes dimensions. Des corbeaux de pierre indiquent qu'autrefois cette entrée était aussi abritée par un toit en appentis. Celui qui existe maintenant est de dimensions tout à fait exiguës et ne peut servir qu'à rejeter les eaux du toit en dehors de l'aplomb du mur, qui, à cet endroit, est plus épais qu'à sa partie supérieure. Au-dessus de cette porte se trouve un Christ de pierre de très petite dimension (50 ou 60 cent. environ); une pierre saillante lui sert d'auvent. Les pieds sont fixés par deux clous; il est vêtu d'un petit jupon.

Avant de parler du clocher, disons quelques mots d'un édicule adossé au contrefort qui sépare la première de la seconde travée. Cet édicule ou plutôt cette niche peut avoir 3 mètres 50 à 4 mètres de haut; la largeur en est de 1 mètre 70, la longueur de 2 m. 95; il se termine par un toit à deux rampants qui recouvre un berceau en tiers-point. L'ouverture est ornée de colonnettes aujourd'hui très frustes. A l'intérieur, à droite et à gauche, à 1 m. 60 du sol, se voient deux larges bandeaux couverts de feuillages assez finement sculptés. Enfin, sur la face, au-dessus de l'ouverture de la voûte, régnait une corniche sculptée, dont une sirène, tenant ses queues dans ses mains, est à peu près le seul vestige. Nous avions d'abord pensé que cette niche avait servi de chapelle et devait autrefois contenir quelque statue de saint; mais, informations prises auprès des habitants, nous avons appris qu'elle abritait autrefois le tombeau d'un membre d'une ancienne famille de Najac, les Puechberdi ou Puechverdi. C'est là tout ce que nous avons pu savoir au sujet de ce petit monument, qui peut dater de la fin du XIVe siècle.

Le clocher, placé à la hauteur de la troisième travée, est encastré entre deux contreforts. Sa base présente la forme d'un parallélogramme. Le rez-de-chaussée n'est percé d'aucune baie; il est voûté d'ogive et s'ouvre par une arcade surbaissée sur la nef, formant ainsi l'un des bras du transsept, où est installé une chapelle. Le premier étage est éclairé par deux fenêtres semblables à celles de la nef. Une seule ouverture aurait suffi pour éclairer cet étage, ouvert sur la nef, comme le rez-de-chaussée, par un arc en tiers-point de toute la largeur de la travée; mais l'architecte ayant jugé à propos de couvrir cet étage d'une voûte d'ogive à deux compartiments, il a été forcé d'ouvrir deux baies correspondantes à ces deux voûtes; l'ouverture d'une fenêtre dans la partie centrale du mur aurait compromis la solidité de la construction. Par surcroît de précaution, à cet endroit, où la force de poussée se faisait le plus sentir, le mur extérieur, aussi bien que le mur de la nef, ont été renforcés au moyen de deux espèces de contreforts en encorbellement. Le premier étage de la tour monte exactement à la hauteur du mur de la nef et la corniche ornée de modillons chanfreinés qui se trouve sous la toiture a été continuée sur ses trois côtés extérieurs. Le deuxième étage est beaucoup plus bas et se trouve un peu en retraite sur les deux autres. Le troisième et dernier étage est hexagonal. Le passage du carré à l'hexagone se fait sans doute au moyen de pendentifs, dont nous n'avons rien à dire, n'ayant pu monter dans le clocher. Ce troisième étage, plus élevé que le second, est divisé extérieurement en deux parties égales par une sorte de moulure. Dans la partie la plus élevée de chacune des faces a été percée une fenêtre géminée à arcade trilobée, surmontée d'une rose engrelée. C'est à cet étage que sont placées les cloches, ainsi que l'indiquent les grossiers abat-sons qui enlèvent à ces fenêtres toute leur élégance. Le toit construit suivant deux angles différents, l'un aigu, l'autre obtus, est aujourd'hui, comme toute l'église, couvert en ardoise ; mais c'est là une restauration très récente, et lors de notre séjour à Najac les amas de vieilles tuiles semi-cylindriques qui jonchaient les abords de l'église indiquaient assez quelle était la nature de son ancienne couverture.

Nous n'avons pu monter dans le clocher ; nous avons pu toutefois nous assurer que l'escalier qui y donne accès est renfermé dans une fillette carrée placée sur son flanc est. Cet escalier conduit jusqu'au second étage d'où un degré placé dans la tour même permet d'arriver aux cloches.

Nous ne donnons point la hauteur exacte du clocher, car nous n'avions pas sous la main les instruments nécessaires pour l'évaluer. Nous pensons toutefois qu'elle ne dépasse pas 28 ou 30 mètres.

De la quatrième travée du nord nous ne dirons rien, si ce n'est qu'elle est percée d'une large fenêtre comme la première. Le chevet est plat ; il est percé d'une fenêtre semblable à celles des flancs et ne présente aucune particularité intéressante.

Passons maintenant au flanc sud. Nous y trouvons deux travées entièrement semblables avec les mêmes percements que la première et la quatrième travée nord. Mais la troisième travée offre une particularité. Nous avons dit que la différence de niveau était très sensible entre le flanc nord et le flanc sud ; aussi, quand on a voulu établir dans la troisième travée du sud une chapelle latérale, formant un embryon de transsept symétrique à la chapelle formée par le rez-de-chaussée de la tour, on a dû chercher à racheter cette différence de niveau. On a eu recours à un artifice fort simple : on a bandé entre les deux contreforts un arc de dimensions telles que son sommet arrivât à la hauteur du sol de la nef. C'est sur cet arc que l'on a construit la chapelle, dont le mur est percé de deux fenêtres semblables à celles des autres travées. Cette disposition existait-elle dans le plan primitif ? Sans parler de la différence d'épaisseur du mur, beaucoup plus mince à cet endroit, différence qui pourrait s'expliquer par l'intention de charger le moins possible la voûte qui soutenait la chapelle, l'aspect du mur, des raccords très visibles dans l'appareil prouvent surabondamment que cette chapelle ne date pas exactement de la même époque que l'ensemble de la construction. De plus, au lieu de lui donner la même hauteur de voûte qu'à la nef, on lui en a donné une sensiblement moindre, si sensiblement que l'on a pu, au-dessus de l'arcade par laquelle la chapelle s'ouvre sur la nef, percer une fenêtre dont les mauvaises proportions décèlent un remaniement. L'examen des membrures de la voûte ne peut que nous confirmer dans cette opinion.

La quatrième travée sud n'offre rien de remarquable. Mentionnons seulement l'existence, entre les deux contreforts de cette travée, de la sacristie, construction très basse et légère qui a dû subir bien des transformations ; une porte la fait communiquer avec l'église ; une autre porte, suivie d'un escalier de bois, conduit dans la rue qui longe l'édifice.

L'intérieur nous présente quatre travées d'égales dimensions (11 mètres 50 sur 11 mètres 50). Celle du fond, élevée d'une marche, forme le chœur. Ces quatre travées ont été couvertes de voûtes d'ogive sur plan carré ; nous en évaluons la hauteur à 17 ou 18 mètres. Les membrures n'ont reçu qu'un appareillage fort simple : dans les trois travées de la nef, elles sont seulement épannelées ; dans celle du chœur, elles sont ornées d'un tore accompagné de deux scoties. Partout les clés de voûte sont largement percées. Des colonnettes engagées reçoivent en porte-à-faux, sur un tailloir pentagonal, la retombée des arcs doubleaux, des ogifs et des formerets. Les chapiteaux sont fort simples : un simple rang de crochets très peu épanouis. Les extrémités inférieures des colonnettes sont garnies d'une petite moulure ronde et d'un cul-de-lampe composé d'une feuille plus ou moins découpée.

Ce qui nous ferait croire volontiers que la tour (excepté sa base) et la chapelle du sud ont été ajoutées à l'édifice à une date postérieure, c'est que les membrures des voûtes, au lieu d'être aussi simples que dans la nef, nous présentent une figure composée de scoties et d'un tore sur lequel est superposé un réglet. Il ne faudrait pas toutefois penser que nous voulions rajeunir de beaucoup ces parties de l'église, mais il nous semble que l'on pourrait légitimement en reporter la date vers 1290, ce qui les ferait d'une vingtaine d'années postérieures à l'achèvement de la nef.

Nous avons dit que le rez-de-chaussée de la tour, transformé en chapelle, s'ouvrait sur la nef par un arc surbaissé ; le premier étage, qui sert aujourd'hui de tribune, s'ouvre également par un grand arc, mais non surbaissé. Les voûtes ont reçu le même genre de supports que celles de la nef.

L'ouverture sur la nef de la chapelle du sud est un peu différente. En effet, tandis que dans le rez-de-chaussée et le premier étage de la tour l'arc naît directement du mur, ici il repose sur des colonnettes engagées en porte-à-faux, aux chapiteaux simplement épannelés et munis de tailloirs volumineux.

Il ne nous reste à parler que des fenêtres[1] et des vitraux qui les garnissent, ou plutôt de la façon dont ces vitraux sont montés ; car, pour les vitraux eux-mêmes, il en reste si peu d'anciens qu'on ne peut les mentionner que pour mémoire.

Les fenêtres sont ébrasées au dedans et au dehors et séparées en deux lancettes par des meneaux épannelés que surmonte une rose de petites dimensions et sans aucune moulure. Cette rose est remplie d'une engrêlure en forme, soit de trèfle, soit de quatre-feuille. Par une bizarrerie dont on ne connaît que fort peu d'exemples, ces baies, au lieu de recevoir des verrières occupant

---

1. Le pavage de l'église a dû être refait à une époque moderne ; il se compose de dalles de petites dimensions ; nous n'y avons relevé aucune inscription.

toute la hauteur des lancettes, ont été remplies de plaques de pierre percées d'ouvertures en trèfles ou en quatrefeuilles, superposées au nombre de huit. Ce ne sont point des dalles d'une seule pièce, les grandes dimensions des baies ne l'ayant point permis, ce sont des dalles de différentes grandeurs soigneusement appareillées. Chacune des ouvertures en trèfle ou en quatrefeuille a reçu une garniture de vitraux.

On n'a certainement point, en choisissant ce mode bizarre de clôture, obéi à un sentiment de recherche, mais on n'a probablement fait que suivre un usage local. On pourrait objecter que ce mode de remplage n'est peut-être qu'une addition postérieure, une fantaisie de quelque maçon du pays, car toutes les fenêtres de l'église ne possèdent pas cette garniture. En effet, la fenêtre qui éclaire le chevet et la petite baie qui est au-dessus du bras droit du transsept ne l'ont pas. Mais nous pensons que, de ces deux fenêtres, celle du chevet au moins l'a possédée ; pour l'autre, nous avons déjà dit que nous croyons voir là des traces d'un remaniement un peu postérieur à la construction de la nef ; cette fenêtre a si peu de hauteur qu'on a pu y encastrer une armature en fer, garnie de vitraux, de forme circulaire, qui est tangente à la fois à la base et aux deux côtés de l'arc qui la termine ; elle n'a donc pas les proportions des autres fenêtres. De plus les fenêtres de Najac sont démesurément grandes, comme le voulait l'emploi d'un pareil système ; car il n'entre que fort peu de jour par chacune des ouvertures en quatrefeuille et néanmoins la dimension des baies a permis de répéter ces ouvertures tant de fois que l'église est fort bien éclairée.

Ce fait était considéré comme à peu près unique par M. de Caumont[1]. Viollet Le Duc[2] cite les fenêtres de l'église de Fenioux en Saintonge, du XIIe siècle, comme présentant la même anomalie ; mais les fenêtres de cette dernière église offrent une série de cercles entrelacés, sculptés sur les dalles, d'un assez beau travail. Le même fait aurait été constaté dans quelques églises d'Auvergne du XIe siècle. En Espagne, à Gijon, nous retrouvons le même système, et là aussi le dessin est assez compliqué[3]. A

1. *Congrès archéologique de* 1863, p. 163.
2. *Dictionnaire raisonné d'architecture*, t. V, p. 371.
3. Voyez le journal *l'Art*, année 1880, t. XXI, p. 68 (figure).

Najac, rien de pareil, le travail est des plus frustes et nous pensons bien être là en face de l'œuvre de Bérenger Jornet[1].

Tous les vitraux des fenêtres, sauf quelques rares fragments dans une des lancettes de la seconde fenêtre du flanc droit, sont modernes. Ce ne sont que des verres de couleur où le vert, le rouge et le bleu essayent de faire bon ménage sans toujours y parvenir. Quant aux rares fragments anciens, il serait, croyons-nous, téméraire de leur assigner une date, tant ils sont de petite dimension.

La rose de la façade, plus heureuse, a conservé une grande partie de ses vitraux; mais, par un hasard des plus malencontreux, il ont été démontés et, qui plus est, mal remontés; c'est une véritable scène de carnage : là une tête, ici une jambe, ailleurs une main. Malgré leur mauvais état, nous avons cru reconnaître que ces vitraux doivent être attribués à la première moitié du xvie siècle. Quant au sujet, tant que les personnages n'auront pas retrouvé leurs membres respectifs, nous renonçons à deviner quel il pouvait bien être.

Disons en terminant un mot du mobilier de l'église. On montre dans la sacristie une croix en vermeil couverte de filigranes et ornée de verroteries. Le travail en est lourd, assez grossier, les branches sont terminées par des fleurs de lys. On ne peut guère en faire remonter la fabrication plus haut que le xve siècle. Elle fut, dit-on, donnée à l'église de Najac par un seigneur de Corbières[2]. Dans un coin de l'église se trouve relégué un pied de cierge paschal qui, à notre avis, sans être une œuvre de ferronnerie bien fine, est pour le moins aussi curieux que la croix. C'est une cage en fer légèrement conique, d'un mètre de haut et de 35 cent. environ de diamètre. Sur les montants verticaux sont attachés au moyen de bagues une série de pièces recourbées en forme de C, qui, par leur répétition, forment un grillage du meilleur effet; une petite porte ornée de la même façon s'ouvre à la base de la cage et permet de nettoyer la pointe sur laquelle s'im-

1. Nous n'avons pas besoin de rappeler que ce même mode de clôture se retrouve en Italie dans d'assez nombreuses églises, en général fort anciennes. Nous voulons simplement constater son extrême rareté en France.

2. Le château de Corbières était situé sur l'Aveyron, au-dessus de Najac. Sur la généalogie de cette famille, voyez de Barrau, *Documents historiques et généalogiques sur les familles de Rouergue*, t. I, pp. 607-608.

plante le cierge. Cet ustensile peut remonter à la fin du XIVe ou au commencement du XVe siècle.

C'est tout ce que renferme l'église de Najac ; point de bénitier, de fonts baptismaux qui méritent d'être mentionnés ; toute cette partie du mobilier est moderne.

Voilà ce que nous avons recueilli sur Saint-Jean de Najac. Cette grande église rurale, assez pauvre, pour ne pas dire plus, valait pourtant, croyons-nous, la peine d'être signalée à l'attention des archéologues et des historiens : aux uns parce qu'on connaît exactement la date de sa construction et qu'elle présente plusieurs particularités intéressantes ; aux autres à cause des circonstances qui se rattachent à sa fondation et qui en font un monument historique.

PIÈCES JUSTIFICATIVES

I.

Enquête sur la révolte de Najac [1].

Juin-juillet 1251.

W. Cap de Coia... de extractione scriptorum de domo domini comitis et asportatione, idem quod proximus, et hoc plus quod in publico parlamento vidit et audivit quod quedam ex scriptis illis, videlicet super inquisitione injuriarum, legi fecerunt. Item dixit quod bajulum non tenebant pro bajulo, nec volebant quod de cetero esset in domo domini comitis tanquam bajulus, quam dicebant esse suam. Item dixit quod post obitum domini comitis convenerunt domini et milites et homines castri ad parlamentum preconizatum, et ibi fecerunt inter se conjurationem et sacramentum sine bajulo· domini comitis, set ipse testis non fecit sacramentum... Item de adventu senescalli, quando venit de Cordoa de nocte cum plueret, dixit quod consules volebant sibi aperire portam et domini non permittebant, et quod fuit extra portam per longam moram, et demum exiverunt ad eum W. B. et Guiscardus, et rogaverunt eum quod remaneret extra usque in mane, quia convenerant inter se ut non permitterent aliquem de nocte intrare, et ipse noluit adquiescere precibus eorum et postmodum intravit...

1. Arch. nat., Tr. des chartes, J. 320, n° 74; nous publions des extraits très étendus de cette enquête, qui remplit un cahier in-4° de 10 feuillets de parchemin ; c'est la mise au net de l'enquête, la rédaction définitive des dépositions. Nous ne donnons aucun passage de la première déposition, celle de Géraud Raimondin, châtelain de Najac pour Raimond VII, qui a été publiée *in extenso* par M. de Laborde, *Layettes du Trésor*, III, 133-5.

R. Ugo... de invasione turris idem quod proximus, et hoc plus quod dicti domini, presentibus pluribus aliis dominis et militibus et consulibus et aliis pluribus hominibus de castro, comminabantur ei maliciose, dirigendo digitos in faciem ejus, et dicebant quod nisi eam redderet incontinenti, ipsi caperent eam, et dicebant quod turris non erat domini comitis, immo eorum, et dominus comes habebat eam de comanda eorum. Dicebat etiam quicumque de dominis loqueretur, quod pro omnibus loquebatur, et quando ipse testis volebat habere consilium cum consulibus vel aliis, omnes erant sibi contrarii... Et alia vice dixit [W. de la Valeta], quod malam fortunam daret Deus homini qui plangeret mortem comitis exheredatoris... Item dixit quod domini instituerunt bailivum in castro, desaiziendo dominum comitem et bailivum suum jurisdicione castri.

B. R... dixit quod quando senescallus venit de Cordoa ad portam castri et fuit sibi ingressus prohibitus, non erat ibi ad portam, quia de mandato Ugonis Pararii ipse et quidam alii armaverunt se et iverunt ad capellam...

W. de Sancto Dionisio... de nomine domini comitis ejecto de preconizatione, idem quod proximus, et fuit preconizacio sine nomine domini comitis, postquam ipse fuit bajulus, bene per mensem et ipse fecit reduci nomen domini comitis in preconizacione... Item dixit quod domini et milites et homines castri communiter interdixerunt per terram concorditer, ne comune seu pazagium levaretur ex parte domini comitis, sicut erat consuetum... Item reversus incontinenti dixit quod, cum domini et milites et plures alii essent in aula domini comitis et senescallus reprehenderet eos, quia prohibuerant sibi portam, dixit R. de Najaco quod plures curialitates erant facte amore ipsius senescalli, que de cetero non fierent nec pro domino nec pro domina.

Gaillardus Montarsinus... de nunciatione quam ipse fecit ex parte senescalli cum litteris de credencia et de responso sibi facto, idem quod primus, et hoc plus quod sigillatim monuit eos super excessibus et invasionibus factis. Item de verbis Donati idem quod primus, hoc, excepto quod non audivit quod aliquis contradiceret verbis illis preter Ugonem Pararium, qui jam surrexerat ad loquendum. Requisitus de tempore, dixit quod fuit post obitum domini comitis, quando corpus suum portabatur per terram... Requisitus dixit se nichil aliud scire nisi per auditum.

Geraldus Carreria... de invasione turris et clavis... idem quod primus, et hoc plus quia ipse ascendit superius versus turrim ut defenderet eam pro domino comite, et habuit super hoc verba contenciosa cum aliquibus de dominis. Item dixit quod post obitum domini comitis fecerunt inter se conjurationem domini et milites et homines castri communiter, et ipse testis et alii homines castri fuerunt in illo sacramento, quia domini dabant eis intelligere quod dominus comes donaverat castrum Barasco, filio domini D. Barascii, et quod dominus comes donaverat totam terram infanti Alfonso Castelle, et eciam hoc asserebant per sacramentum quod fecerant, dicentes quod nunquam erat verisimile quod dominus comes dimitteret terram suam Francigenis quos tantum habebat exosos. Item dicebant quod redirent ad dominium regis Francie, ita quod mitterent ei xx marchas tantum, non quod aliquis reciperetur in castro nomine ipsius nec intraret castrum, si mitteret pro illis xx marchis. Item dixit quod Donatus surrexit in illa conjuratione et dixit post sacramentum et hoc plus, quod si aliquis aliud dominium quereret preter dominium Regis, videlicet de xx marchis, quod amitteret caput juxta spatulas, et Ugo Pararius contradixit ei pro toto castro, et ipse et alii homines domini comitis similiter contra dictum Donatum. Item dixit quod domini frequenter iverunt apud Guipiam ad colloquium secretum cum W. P. de Berenis et cum R. de Caussada, Ugone de Roca, B. de Penna et dominis Rabastencis et specialiter cum Jordano de Rabastencis; nescit tamen quid agerent, set credit quod malum procurarent, et propter hoc W. de Valeta jactavit publice coram pluribus, sicut ab eis audivit, ipse tamen non audivit verba jactationis. Item dixit quod domini prohibuerunt ne bajulus domini comitis reciperet fidejussiones. Item dixit quod audivit in platea publice, quando fecerunt legi scripta curie, que fuerunt extracta de domo domini comitis. Item dixit quod domini fecerunt audiri querimonias debitorum per bailivum suum, quod non faciebant in vita domini comitis, et adhuc faciunt idem... Item dixit quod Olricus de Scura et Flotardus de Bar et Bertrandus de Escura interdixerunt redditus domini comitis, qui erant extra castrum. Item dixit quod domini et consules prohibuerunt ne levaretur pazagium; dixit tamen quod consules plus processerunt quam esset eis dictum, quia consulibus fuerat dictum quod levatores computarent et acciperent pignora et darent ea ad manulevandum... Item dixit quod post obitum domini comitis, dum esset ille maximus luctus et orribilis dolor per terram communiter, W. de la Valeta deferebat garlandam in capite et capucium rubeum et camisias sutas cum auro et seta, et credit quod ipse procurabat totum malum quod fecerunt domini, et ibat super hiis inspicere auguria, et modo, quando iverunt apud Corduam ad dominum comitem, inspexit auguria [1]. Item de verbis que dixit W. B. contra dominum comitem, idem quod primus, hoc excepto quod non audivit verba illa de latratu, et hoc dixit plus quod ipsi (*sic*) habebat magnas alas, et quod quidam de consilio domini Sycardi mandaverat ei quod dominus Sycardus erat venturus ad castrum ad extrahendum obsides, et verba illa dixit in publico parlamento, et quia P. Ademarus reprehendebat verba illa, dicens quod ipse aperiret domino Sycardo, si veniret, et si aliter non posset facere, saltaret de muro extra, W. B. fuit ei comminatus auferre caput...

Ugo Pararius... dixit quod cum domini dicerent quod aliqui erant in castro qui lauzengabant eos cum domino Sycardo, P. Guilabertus dixit : *Ego scio bonum consilium ; vos estis domini castri, faciatis suspendi tres vel IIII^{or} de grossioribus, et postea nullus lauzengabit vos...*

P. Ademarus... dixit quod eo tempore, quo dominus comes fuit mortuus, dictus W. de Valeta deferebat camisiam sutam cum auro et seta et capucium rubeum et garlandam in capite, et nunquam magis alacriter iverat ante quam faceret tunc... Cum ipse testis diceret quod ipse erat homo domini comitis et juvaret dominum Sycardum ad intrandum, Corona et quidam alii clamaverunt contra ipsum : *Et nos eiceremus vos de castro.*

W. de la Valeta... dixit quod bajulus ab inicio dicebat quod nunquam redderet clavem, set postea W. Barascus dedit ei pro consilio, quod redderet eam consulibus nomine domini comitis, si viveret, quod ipse credebat, et si dominus comes non viveret, teneret illam pro illo domino qui deberet esse et pro aliis dominis castri, qui habebant ibi partes suas, et bajulus reddidit clavem Ugoni Pararario, qui erat consul, dicens quod pro domino comite reddebat ei clavem, et R. B. dixit : *Et pro nobis aliis dominis, qui habemus ibi partes nostras.* Et Ugo Pararius dixit quod ipse recipiebat clavem pro domino comite et pro omnibus qui habebant ibi jus. Item requisitus si ipse fuit comminatus bajulo vel illi, qui erat in turri pro domino comite, dixit quod non. Requisitus si domini vel aliquis alius fuerint comminati bajulo, dixit quod non recordatur, set bene audivit quod

---

1. Faut-il donner à cette expression le sens habituel *d'observer le vol des oiseaux,* ou entendre par là un mode quelconque de divination, par exemple les sorts des apôtres, dont MM. Rocquain et Chabaneau viennent de publier un texte en provençal trouvé à Cordes, c'est-à-dire près de Najac ?

domini dixerunt bajulo, qui nolebat reddere clavem, quod modis omnibus redderet eam, quia volebant eam recuperare pro partibus suis. Item dixit quod post obitum domini comitis fecerunt conjurationem comuniter domini et milites et homines castri, facientes sacramentum quod tenerent se insimul et custodirent castrum et non permitterent aliquem intrare, qui posset eis facere vim, et dixit quod ista intendebant facere maxime propter dominum D. Barasc, quia dicebatur quod dominus comes donaverat castrum Barasco filio ejus. Item dixit quod Ugo Pararius dixit quando fuit factum juramentum, quod quicumque vellet procurare aliud dominium, nisi dominos quos habebant, esset falsus proditor et perjurus, et Donatus tunc dixit quod amitteret caput. Item dixit quod quando forma juramenti recitabatur R° de Caussada per Ugonem Pararium, ipsemet Ugo dixit : *Et hoc plus quod quicumque quereret aliud dominium, nisi dominos quos habemus, esset falsus proditor et perjurus ;* et ipse testis tunc dixit : *Immo plus fuit ibi dictum quod amitteret caput*, et ipse Ugo Pararius respondit quod nunquam ipse posuerat caput suum in incursu. Item dixit quod, audito quod dominus comes mandabat restitui ea que sine judicio acceperat, domini et ipse testis et consules et plures alii convenerunt in domo consulum hujus castri, et domini quesiverunt consilium a consulibus quid facerent de hiis que dominus comes tenebat de juribus eorum. Et Ugo Pararius respondit quod ipse dabat pro consilio quod Bertrandus de la Escura et W. de la Valeta acciperent terras, et R. B. domos, et R. de Caussada terram uxoris sue, et terram d'en Najac illi quorum debebat esse. Et W. B. dixit : *Et mihi quod consilium datis, si accipiam Guipiam et Bastidam de Cadoilha, que debent esse mee et consanguineorum meorum ?* Et Ugo Pararius respondit quod non daret eis consilium super hoc, nisi videret prius cartas eorum. Et tunc ipse testis et R. B. iverunt ad domum quam bajulus tenebat pro domino comite, et interdixerunt ei ne inde extraheret res que erant in domo, set bene concesserunt quod inde posset facere sibi necessaria sua. Item requisitus si interdixerat vineam domini comitis ad vindemiandum, dixit quod cuidam mulieri sue, nomine Avaissa, que debebat ire ad vineam vindemiare de mandato bajuli, dixit quod voluntate sua non iret ad vineam que erat sua. Item dixit R. Ugo : *Ego non vado ad terram vestram aliquid vobis auferre, quare non redditis mihi ea que dominus comes mihi restituit clam? Teneo vobis de Deo et anima domini mei, quod non vindemietis dictam vineam.* Et aliter non acunhtavit eam. Item dixit quod ipse et R. B. fuerunt requisiti a consulibus, ut non acunhtarent de cetero dictam vineam, et ipse interdictum non relaxavit nec postea acunhtavit vineam, nec fuit locutus cum bajulo. Item requisitus si ipse vel alius fuerint commi- nati pro facto domini comitis alicui de suis, respondit quod ipse fecit majores comminationes que facte fuissent et dixit in carreria cuidam pro vinea, qui vocatur Cap de Coia : *Domine Cap de Coia, quare non redditis mihi terram quam dominus meus mihi restituit? Utinam essetis inde similis cucurbite vacue...*

Sycardus Raimondinus... dixit quod dum preco preconizaret, ejecto nomine domini comitis de preconizatione, et Geraldus Raimondini reprehenderet super hoc preconem, Ysarnus de Najaco dixit quod nunquam poneretur ibi nomen domini comitis, et si preco hoc faceret, ipse daret ei de degito (*sic*) in occulum... Item dixit quod W. de Valeta, statim quando dominus comes fuit mortuus, fecit fieri cami- siam sutam cum auro et seta ... et ibat cantando, et dixit quod Deus daret malam fortunam comiti exheredatori et homini qui plan- geret mortem domini comitis exheredatoris et qui magis plangeret eum quam ipse faciebat, et quod nunquam Deus permitteret ipsum iterum vivere, et ista verba dixit pluries. Item dixit quod omnia mala que fecerunt domini, fecerunt de consilio suo... Item dixit quod bajulus dominorum post obitum domini comitis cepit recipere querimonias debitorum contra edictum senescalli, et dixit quod non dimitteret pro eo, quod non fecerat nec erat consuetum in vita domini comitis... Item dixit quod post obitum domini comitis fecerunt con- jurationem omnes communiter, et illud intendebant facere, quia daba- tur eis ad intelligendum quod dominus comes donaverat castrum Barasco, filio domini D. Barasc, et ipse testis et quidam alii usque ad x retinebant in juramento : *salvo dominio domini comitis.* Item dixit quod quidam homines de castro, qui erant domini comitis, abnegaverunt dominium domini comitis post obitum ejus. Item dixit quod dum forma sacramenti recitaretur coram pluribus R° de Caus- sada per Ugonem Pararium, W. de Valeta dixit : *Oblitus estis, immo quicumque procuraret vel consenciat quod de cetero sit in castro bajulus pro comite vel pro rege, amittat caput*, et dixit circumstan- tibus : *Est ita ?* et clamaverunt plures quod sic ; et tunc Ugo Para- rius, remoto capucio, dixit : *Mentimini, quia ego nunquam posui caput meum in incursum...* Item dixit quod B. de la Boria dixit B. Golferio, qui dicebat se esse hominem domini comitis, quia bonum esset quod eiceretur de castro verberando cum taparellis...

Eodem anno, iiii° kalendas julii, apud Corduam.

Donatus de Najaco... dixit quod Ugo Pararius, dum scripta discer-
nerentur, quasdam cartas factas super querimoniis injuriarum
plicavit in manu et retinebat eas, et ipsemet testis accepit quedam de
illis scriptis tangencia factum suum et tenebat in manu subtus gar-
maisiam vel extra, non bene recordatur. Postmodum autem Ugo
Pararius, requisitus ut restitueret scripta illa, restituit, et ipse testis
similiter illa scripta que habebat asportavit ea W. B.... Item dixit
quod R. B. et W. de Valeta acunhtaverunt sive interdixerunt vineam
domini comitis, ne vindemiaretur, et stetit sic interdicta usque
ad circa festum omnium Sanctorum. Item dixit quod circa festum
sancti Micahelis incipiunt vindemiare. Item dixit quod omnes communiter domini... post obitum domini comitis fecerunt conjurationem, et Ugo Pararius primus fecit sacramentum, et in sacramento
continebatur quod diligerent se invicem et quod non intromitterent
novum dominium in castro sine consensu omnium, et quod non
permitterent aliquem intrare qui posset eis facere vim. Et ipse testis tunc dixit : *Et hoc amplius ponatur quod si aliquis vellet intro-
ducere novum dominium sine consilio omnium vel sine consilio
domine Regine, que tenebat locum filiorum suorum, amitteret caput.*
Requisitus dixit quod nullus contradixit ei... Item dixit se dixisse
dicto Gaillardo : *Quid vultis, non erit hic bajulus pro Alfonso nec
pro domino Sycardo nec pro comite Convenarum,* et videbitur (*sic*)
sibi quod adjecerit *sine consilio domine Regine...*

B. Gaudo... dixit quod Donatus tunc dixit coram omnibus Gail-
lardo : *Que vos debatez, nunquam erit hic de cetero bajulus ex parte
Alfonsi vel Sycardi Alamanni.* Item dixit Gaillardum dixisse Ugoni
Parario, si Donatus dicebat hec de consilio eorum, respondit Ugo
Pararius quod non, sed per se...

Geraldus de la Boria... dixit quod dum ipse requireret Geraldum
Raimundinum ut sibi faceret solvi debitum a magistro Willelmo ca-
pellano, de quo sibi conquestus fuerat, dixit quod non poterat, quia
domini prohibuerant ei ne de cetero querimonias reciperet nec se
intromitteret...

IIII° kalendas julii, apud Corduam.

Ugo Bofatus... dixit quod ipse non interfuit, quando scripta fuerunt
extracta et asportata de domo domini comitis, set bene audivit quando
tractabatur quod scripta haberent domini modis omnibus, et tunc
bajulus requisivit ab Ugone Parario quid consulebat ex scriptis illis.
Et Ugo dixit bajulo quod melius quod eis redderet ea, quam si arcam
frangerent et ea per vim haberent. Et dixit quod domini mala sponte

consulum fecerunt legi in publico quedam de scriptis illis. Item dixit quod R. de Podio recuperavit quendam papirum de curia a W. R., set alia scripta, que legi fecerunt dicti domini, retinuerunt, nescit tamen quid de illis factum est...

Ugo Donatus... dixit quod W. de la Valeta et Olricus de Escura, frater Bertrandi, confessi fuerunt coram ipso teste et aliis, qui tunc erant consules, se bandivisse bladum et denarios, que debebantur domino comiti, et ipsi consules dixerunt quod male fecerant... Item dixit quod cum D. Barasc et W. Barasc et plures alii loquerentur et dolerent super morte domini comitis, W. Valeta dixit quod malam fortunam daret Deus homini qui plangeret mortem mali domini sui...

R. B. de Najaco... dixit quod ipse et W. Barascus et Ysarnus de Najaco et A. de Monteacuto erant simul in domo B. Amblardi, et venit Ugo Pararius et dixit eis : *Omnes sumus mortui, quia dominus comes mortuus est.* W. Barascus respondit : *Non credo, quia non potest dominus comes mori.* Et postmodum iverunt ad turrim et invenerunt ibi plures ex consulibus et militibus et hominibus castri... Et dixit quod consules muniverunt dictam turrim et consules tenue-runt dictam clavem usque ad terciam diem Circumcisionis Domini, quam clavem tunc tradiderunt domino Sy. Alamanni pro domino comite, sicut eam ante dominus comes tenuerat. Item dixit quod non interfuit abstractioni neque asportationi scriptorum. Audivit eciam R. Ugonis dicentem quod illa scripta volebat comendare W. B., et tunc W. B. vocavit Ugonem Pararium ut iret secum cum duobus de consulibus et videret que scripta reciperet, et fuerunt ibi Donatus et Ugo Donatus. Requisitus quare volebant illa scripta habere, dixit quod dicebatur quod bajulus volebat cum illis scriptis recedere, et quia dominus comes restituerat dominis eorum jura in castro, credebat jus in dictis scriptis habere. Et postea vidit W. B. venientem cum quibusdam scriptis que habuit de domo domini comitis, et illa fue-runt lecta in publica convocatione hominum de Najaco... Item dixit quod ipse cum W. de la Valeta bandivit similiter vineam eadem ratione qua domum, et hoc bandimentum fecerunt, quia audiverant dici quod dominus comes preceperat restitui ea que injuste tenebat, et non credebat hoc facere in injuriam vel dedecus dominii...

W. B. de Najaco... dixit quod dum volebant mittere in Franciam, convenerunt apud Guipiam et invenerunt ibi R. de Caussada, W. P. de Berencs et Pilfortis de Rabastencs et W. Floterii, et idem testis et R. B. et Guiscardus et Ysarnus de Najaco, et tractaverunt cum eis negocia que debebant cum domina Regina promovere. Requisitus si fuit tractatus alius ibi, dixit quod non...

Eodem anno, apud Corduam, ıı kal. julii.

R. Johanel... dixit quod in quodam publico parlamento dixit W. B. hec verba ita : *Domini, mihi nunciatum est quod Sy. Alamanni vult venire in hoc castro, et vult me et plures alios abstrahere per ostaticos, et volo scire a vobis quod cor super hoc habetis; non enim vellem quod aliquis castrum intraret, qui vobis violenciam intus castrum posset inferre.* Non recordatur tamen quid fuit sibi responsum... Item dixit quod Ricardus erat bajulus pro dominis de Najaco, tempore quo supradicta fuerunt perpetrata, et in media cadragesima proxime preterita fuit annus quod ipse fuit institutus bajulus per dominos de Najaco, et recipiebat clamores et fidejussiones de debitis et injuriis et justicias de propriis hominibus dominorum, et quod Ricardus faciebat idem in vita domini comitis, postquam dominus comes restituit dominis jura sua...

P. Riberia... dixit quod ipse interfuit in consilio generali ubi inter dominos, milites, consules et plures alios de consilio castri fuit condictum ut comune seu pazagium acunhtaretur seu interdiceretur, et fuerunt ibi electi ıı de consulibus, Geraldus de la Boria et Poncius de Cornucio, set non vidit eos ire, neque super hoc scit amplius...

Ricardus... dixit quod W. B. et R. B. et W. de la Valeta mandaverunt ei ut faceret vineam domini comitis vindemiare et vindemiam reponere in vasis que erant in domo domini comitis, quam, ut audivit, dicti domini banniverant, et dixit quod domini mandaverant ei ut vineam faceret vindemiare, et bajulus dixit ei, quod in tanto et pro tali haberet ac si omnia que ibi habebant eis barreiabat, et stetit ad vindemiandum postquam alie vinee fuerunt vindemiate de vııı usque ad xv dies, nescit tamen si propter acunhtamentum vinea extitit exposita canibus et porcis... Item dixit quod ipse fuit bajulus institutus a dominis apud Najacum in vita domini comitis, et post ejus obitum stetit bajulus usque ad sequens carniprivium fere... Item dixit quod W. B. dixit, ipso audiente, quod ipsi magnas alas habebant et plures amicos et non mirarentur, si aliquos videbant venire milites ad Najacum...

W. de Mureto... dixit quod vidit ad Guipiam omnes dominos de Najaco ad colloquium cum W. P. de Berencs, et credit quod pro dampno dominii majoris et hominum castri de Najaco, qui sunt domini comitis, convenerant ibi... Item de verbis que W. B. de Najaco dixit contra dominum Sy. Alamanni, idem quod primus, addens quod W. B. dixit quod Sy. Alamanni volebat trahere ostaticos, et dixit quod Sy. Alamanni erat talis cui non debebat credi nec debebat abscultari, et cum videret ipsum, diceret in facie, quod si non faceret, reddebat se pro falsiori aliquo de toto parlamento... Item dixit quod R. de Podio prohibuit R. Johanelli, bajulo dominorum, post mortem domini comitis, ex parte domini comitis qui nunc est, ut non reciperet querimonias vel fidejussiones aut justicias, et nichilominus bajulus, spreto mandato, recipiebat...

Stephanus de Veterifonte, preco de Najaco... dixit quod Ysarnus de Najaco et R. B. de Najaco post obitum domini comitis acunhtaverunt et interdixerunt sibi ne nomen domini comitis poneret in preconizationibus, quod dixit esse obtentum in vita domini comitis, et quod post prohibitionem preconizavit, pretermisso nomine domini comitis, non recordatur tamen quociens. Item dixit quod alia vice, dum vellet preconizare ne deferrentur arma, R. de Najaco dixit sibi ne preconizaret ex parte domini comitis, quod si faceret, daret sibi cum cultello per ventrem ita quod squinas exiret vel amputaret sibi pedem, et dixit quod non dimitteret arma portare pro aliquo homine, et tunc idem testis recessit et non fuit ausus preconizare...

Eodem anno, kalendis julii, apud Corduam.

P. Guilaberti... dixit quod cum W. B. vel Donatus dicerent in parlamento publico quod quidam lauzengueiabant eos et castrum, ipse dixit et respondit : *Abscultate, domini et consules, castigetis lauzengatores, bene enim potestis eos castigare, quia bene placet comunitati, et illud bene vult comunitas...*

Eodem anno, IIII nonas julii, apud Auriliacum.

Ysarnus de Najaco... dixit quod propter quasdam injurias et verba maliciosa quas et que Geraldus Raimondini dicebat sibi, comminatus fuit ipsi quod verberaret eum, et non pro facto domini comitis. Item dixit quod W. P. de Berencs et Pilifortis de Rabastenc miserunt ipsi et aliis dominis de Najaco, ut venirent ad ipsos apud Guipiam locuturi, et ipse et quidam alii domini de Najaco iverunt ad eos apud Guipiam, et dixit eis W. P. quod ipse erat iturus in Franciam ad dominam Reginam et rogavit eos ut expectarent eum solummodo per VIII dies, et dixerunt ei quod non poterant, et statim W. B. et quidam alii arripuerunt iter suum. Non fuit alius tractatus ibi factus...

P[us] Donatus... de verbis que W. B. dixit contra dominum Sy., dixit se audivisse quod W. B. dixit quod pro velle suo non intraret castrum, nam si esset intus, plus potestatem haberet ibi eciam solus cum capa quam ipse W. B...

II.

Les consuls et les prud'hommes de Najac s'engagent, sur l'ordre
des inquisiteurs, à construire une nouvelle église.

Najac, 5 et 9 avril 1258.

Cum [1] Dei providentia fratres ordinis Predicatorum Guillelmus
Bernardi Aquensis et Reginaldus de Carnoto, inquisitores heretice
pravitatis in comitatibus et terris nobilis viri comitis Tholosani auctoritate apostolica deputati, ad castrum Najaci inquisitionis çausa
declinassent, anno Domini 1258, nonis aprilis, et ipsi, ecclesie parrochialis quantitate inspecta, vidissent ejus capacitatem non sufficere
ad recipiendum populum dicti loci, rogaverunt salutaribus monitis
inducendo nos consules dicti castri, Bernardum Ramondini, Petrum
de Combellis, Galambrunum Donati, Bernardum Carreira, Petrum
de Candorio et alios probos homines de Najaco, ut nos, ad honorem
Dei et Matris ejus et sanctorum omnium, precipue beati Johannis
evangeliste, et exaltationem fidei catholice, ibidem de novo construe-
remus ecclesiam, que capax esse posset populi supradicti. Nos igitur
prefati consules et populus dicti castri, ipsorum inquisitorum precibus et monitis libenti animo unanimiter annuentes, promisimus et
obligavimus nos spontanee et specialiter nos Petrus Ribeira (*sequuntur*
LI vel circiter proborum hominum Najaci nomina), pro nobis et toto
populo dicti loci, prefatis inquisitoribus et successoribus eorumdem
qui fuerint pro tempore, quod nos infra septem annos continuos a
presenti pascali tempore numerandos, divino suffragante nobis auxi-
lio, dictam in dicto castro de bonis nostris construemus ecclesiam,
que in longum viginti et octo et in latum septem brachias continebit,
testudine lapidea supertecta. Quam ecclesiam fundare et in ea viri-
liter operari infra Pascha proximo venturum tenemur, sicut inquisitoribus promisimus antedictis. Voluimus etiam et consensimus spontanee quod ad hoc faciendum complendumque penitus possemus
compelli per prefatos inquisitores vel successores eorum qui essent
pro tempore, vel etiam per senescallum domini comitis Tholosani
qui tunc esset, eorum nos jurisdictioni quantum ad hoc pertinet
voluntarie subponentes. Ipsi vero inquisitores prefati, devotionem
nostram et propositum quantum ad dictum opus habeamus benigno
favore in Domino prosequentes, multiplicem gratiam nobis faciendo,

1. Bibl. nat., Collection Doat, vol. 146, f° 18.

remiserunt omnibus habitantibus dictum castrum, qui tunc de facto heresis tenebantur, omnes penitentias sibi pro crimine supradicto a quibuscumque inquisitoribus injunctas actenus vel etiam injungendas pro culpis, pro quibus ante adventum ipsorum fratrum apud Najacum confessi fuerant inquisitoribus quibuscumque, exceptis visitationibus quas eorum aliqui tenentur facere apud Ruthenam semel vel bis annis singulis, prout in literis dictorum fratrum sibi concessis plenius continetur. Dederunt insuper in subsidium dicti operis inquisitores predicti quasdam summas peccunie, quas ipsi quibusdam personis solvendas injunxerant pro recompensatione peregrinationum suarum et deffectu visitationum quas non fecerant sicut facere tenebantur. Promisimus etiam et voluimus ut si, quod absit, dictum opus non perficeretur infra tempus prefixum, saltem quantum ad parietes et testudinem dicte ecclesie pertinet, nos teneremur dictis inquisitoribus vel successoribus eorumdem restituere omnem peccuniam quam ad opus dicte ecclesie de mandato eorum recepissent operarii dicte ecclesie, et possent reduci ad statum pristinum illi quibus fuerit occasione dicti operis facta gratia de crucibus et penitentiis ab inquisitoribus supradictis, dum tamen eis peccunia quam dederint sibi fuerit restituta. Hec acta fuerunt apud Najacum, in aula domini comitis, v° idus aprilis, anno Domini м° cc° L° viii°, in presentia et testimonio fratrum ordinis Predicatorum Johannis de Sancto Benedicto et Johannis de Vivent, Hugonis Juliani, cappellani de Najaco, Berengarii de Fontanis, prioris ejusdem loci, Petri Sanchas, cappellani Sancti Juliani, Thome, cappellani Sancti Aniani, Johannis Torpini, castellani de Najaco, Hugonis de Rupeforti et mei Bernardi Riperia, publici notarii de Najaco, qui de mandato utriusque partis hanc cartam scripsi et signum meum apposui (*locus signi*).

Et ad majorem roboris firmitatem nos supradicti consules et prefati inquisitores presentem cartam conscribi fecimus et consulatus et ipsorum sigillorum munimine roborari.

III.

Commutations de peines accordées à des habitants de Najac par les inquisiteurs.

Toulouse, 24 avril 1258.

Universis [1] Christi fidelibus presentes litteras inspecturis, fratres

1. Bibl. nat., Coll. Doat, v. 146, f° 24. L'original de cette charte existe aux

ordinis Predicatorum Guillelmus Bernardi Aquensis et Raginaldus
de Carnoto, inquisitores heretice pravitatis in comitatibus et terris
nobilis viri comitis Tholosani auctoritate apostolica deputati, salutem
in Domino simpiternam. Cum injunctum esset in penitencia pro
crimine heretice pravitatis Bernardo Raimundi Alpati, Deodato Guinabail, Remundo Guillelmo et Petro de Mureto fratribus, Petro
Fabri, Hugoni de Cugoleto, Bernardo Bardet, Raimunde de Romainhac,
Petronille Tornerie et Petro Imberti, omnibus de Najaco, diocesis
Ruthenensis, quod visitarent quater annuatim cathedralem ecclesiam
Ruthenensem; eidemque Petro Fabri quod ad monitionem inquisitorum ultra mare transiret, ibidem per triennium moraturus; dicto autem B. Bardet quod iret semel Coloniam, Sanctum Jacobum, Sanctum
Dionisium et ad peregrinationes que minores dicuntur; item Gui-
raldo de la Boria, Willelmo Pelliparii, Durando Fargas, Deodato
Massabou, Bernardo de Favairac, Bernardo Mezi et Willelmo Fabri,
ejusdem loci, quod ter infra certum tempus visitarent dictam ecclesiam Ruthenensem, eisdemque Durando Fargas et Deodato Massabou
et B. de Favairac, quod quasdam peregrinationes facerent preter visitationes predictas; item Bernardo de Garrissolas ejusdem loci, quod
quasdam peregrinationes faceret; Fine vero uxori Ramundi Audeguer
et Ramunde de Lobateiras, quod semel annuatim visitarent dictam
ecclesiam cathedralem; Guillelme autem de la Roqueta, quod quater
infra annum visitaret dictam ecclesiam Ruthenensem, et Lumbarde
Conorta, quod semel ecclesiam visitaret Ruthenensem et quadraginta
solidos Ruthenenses solveret operi claustri ecclesie Ruthenensis; Do-
mestice vero de Blas, quod quater in quatuor festivitatibus visitaret
ecclesiam Ruthenensem; Vitali autem Pelicer, quod infra annum
[semel] ipsam Ruthenensem ecclesiam visitaret; et Ademare de Combellis, quod mitteret ecclesiis Beate Marie de Podio, de Ruppe Amatoris, de Ruthenis et Sancte Fidis de Conchis, cuilibet quinque solidos
Ruthen. et operi claustri ecclesie Ruthene viginti solidos ejusdem
monete; Petro Brugueri vero, quod peregrinationes minores faceret
et quolibet anno bis visitaret ecclesiam Ruthenensem; Stephano Gar-
rigas autem, quod operaretur officio suo sine mercede quadraginta diebus in opere alicujus pauperis ecclesie et aliis quadraginta diebus in
opere carcerum muri, si fierent apud Ruthenam, et sicut accepimus
operatus fuerit in quadam ecclesia paupere de mandato B. de Cabanis,

Archives de l'Aveyron, série E, fonds de Najac; notre confrère M. Estienne,
archiviste du département, nous en a obligeamment fourni une copie.

quondam inquisitoris; item Johanni de Peberaco, quod iret semel ad
Podium, Ruppem Amatoris, Sanctam Fidem de Conchis et Beatam
Mariam Ruthenensem, vel cuilibet dictorum locorum mitteret quinque solidos Ruthenensis monete; Guillelme vero Fabrisse, quod iret
semel ad Sanctum Jacobum Compostelle; et Deodatus de Podio
d'Osan et Huga uxor ejus quasdam peregrinationes et visitationes,
Willelmus vero [Garriga] quasdam visitationes facere tenerentur, sicut
predicta omnia in eorum penitencialibus litteris continentur; et
non constet nobis quod predicta compleverint ut debebant vel quod
ab eis fuerint absoluti; nos, licet gravius merito possemus procedere
contra ipsos, attendentes tamen quod rigor sit mansuetudine temperan-
dus, presertim cum de ipsorum correctione speremus, prefatos Bernardum Raimundi Alpati, Deodatum Guinabail, Ramundum, Willelmum
et Petrum de Mureto fratres, Hugonem de Cugoleto, Petrum Fabri,
Bernardum [Bardeti], Petrum Imberti, Ramundam de Romainhac et
Petronillam Torneira a duabus de predictis quatuor visitationibus,
quas apud Ruthenam annuatim facere tenebantur, perpetuo duximus
absolvendos, dictum P. Fabri a transmarino passagio et predictum
B. Bardeti ab injunctis sibi predictis peregrinationibus nichilominus
absolventes. Injungimus tamen eis et predictis aliis que inferius
subsecuntur, videlicet quod prope dicti undecim teneantur bis anno
quolibet visitare quamdiu vixerint ecclesiam Beate Marie virginis
Ruthenensem, scilicet in festo Purificationis et Nativitatis ipsius Virginis gloriose, et in recompensationem aliarum duarum visitationum
quas eis remittimus et illarum quas actenus facere omiserunt et
peregrinationum de quibus eos absolvimus, solvant ad fabricam sue
parrochialis ecclesie summas inferius annotatas, de quibus solvant
medietatem in proximo instanti festo sancti Michaelis et aliam medietatem ab eodem festo in annum, supradictus autem B. Raimundi
xx libras Caturc., Deodatus Guinabail xl solidos Caturc.; Ramun-
dus, Guillelmus et Petrus de Mureto fratres, quilibet xv libras
Caturc.; Petrus Fabri pro predictis visitatione et passagio l solidos Caturc.; Hugo de Cugoleto xx solidos, Ramonda de Romainhac xv libras Caturc. et Petrus Imberti x sol. Caturc.; Bernardus vero Bardet operetur qualibet septimana una die sine
mercede in opere predicte ecclesie quousque ipsa ecclesia sit per-
fecta, Guiraldus de la Boria xl sol., Guillelmus Pelliparii xx sol.,
et Durandus Fargas vi libr. Caturc., Bernardus de Garrissol c sol.
Caturc.., Deodatus Massabou l sol., Bernardus de Favairac c sol.,
Finas Audegeira l sol., et teneantur semel annuatim in Nativitate

beate Marie virginis Ruthenensem ecclesiam visitare; Ramunda etiam de Lobateiras det ʟ sol. et eandem visitationem annuatim facere teneatur; Willelma de la Roqueta ʟ sol., Lumbarda Conorta xxx sol., Domestica de Blas xv sol., Vitalis Pelicerii x sol., Bernardus Mezi xxx sol., Willelmus Faber xx sol., Petrus Brugueri x libr. Caturc. pro peregrinatione et omissione visitationum et pro peregrinationibus et visitationibus matris sue, sed duas visitationes teneatur idem P. apud Ruthenam facere annuatim; dictus autem Stephanus Garriga operetur in opere ecclesie Najaci illos xʟ dies quos debebat in opere carcerum operari, et ultra donet x sol. Caturc. operi ecclesie memorate; Johannes de Peberac det x sol. Caturc., Willelma Fabrissa c sol. Turonensium (sic), Deodatus de Podio d'Oson et Huga uxor ejus xx sol. Catur.; Willelmus Gairiga xxx sol., sed unam visitationem apud Ruthenam in Nativitate beate Marie virginis faciat annuatim; Deodatus de Brossac xx solid. Caturc., Bernardus Gasc ʟ sol. Caturc., et Guillelmus del Verdier ʟ sol. Caturc. Item Peborac de Vouta et Dulciam uxorem ejus absolvimus ab omnibus que de heresi sunt confessi, injungentes eis quod dent c sol. Caturc. operi ecclesie memorate. Prope dictus autem Willelmus del Verdier unam visitationem in Nativitate beate Marie virginis annuatim apud Ruthenam facere teneatur. Et sic omnes predictos absolvimus ab omnibus peregrinationibus et visitationibus et omissione earum, exceptis illis duabus vel una visitationibus annualibus quas in aliquibus eorum retinuimus, sicut superius continetur, nihil immutantes in aliis que ipsis injuncta fuerint in penitencia pro crimine memorato. Verum cum nonnulli eorum dicant se peregrinationes vel visitationes fecisse vel ab eis absolutos fuisse, nos consulibus dicti castri committimus ut probationes eorum recipiant loco nostri, ita quod si quis illorum probaverit se fecisse peregrinationes vel visitationes predictas vel quod ab eis fuerit absolutus, taxatione immunis remaneat supradicta. Datum Tholose, vɪɪɪ° kalendas maii, anno Domini ᴍ° ᴄᴄ° ʟ° octavo.

IV.

Autres commutations de peines accordées par les inquisiteurs.

Toulouse, 26 avril 1258.

Omnibus [1] Christi fidelibus presentes litteras inspecturis, fratres

1. Bibl. nat., Coll. Doat, 146, fⁱ 22.

ordinis Predicatorum Guillelmus Bernardi Aquensis et Reginaldus de Carnoto, inquisitores heretice pravitatis in comitatibus et terris nobilis viri comitis Tholosani auctoritate apostolica deputati, salutem in Domino Jesu Christo. Noveritis quod cum injunctum fuisset inter cetera in penitentia pro crimine heretice pravitatis Guillelme de Cadriu, Raimundo Barravi, Geraldo del Mercadil, Geraldo de Fontroca, diocesis Ruthenensis, quod eadem Guillelma quinquies, alii vero predicti quater quolibet anno visitarent cathedralem ecclesiam de Ruthena, idemque Guiraldus del Mercadil ad Sanctum Jacobum Compostelle, Sanctum Egidium, Beatam Mariam de Podio, de Rupe Amatoris, de Montepessullano et Sanctam Fidem de Conchis ; dictus autem Geraldus de Fontroca ad Beatam Mariam de Valleviridi et de Rupe Amatoris ire peregre tenerentur, et predicta non compleverint, ut debebant ; ipsos ab omnibus predictis peregrinationibus et visitationibus et deffectibus earumdem duximus penitus absolvendos, injungentes eis quod quilibet eorum visitet bis annuatim ecclesiam Beate Marie virginis de Ruthena, scilicet in Purificatione et Nativitate ipsius Virginis matris Dei, et dent ad fabricam operis ecclesie de Najaco dicta Guillelma decem libras, Raimundus Barravi quatuor libras, Guiraldus del Mercadil et Guiraldus de Fontroca quilibet decem libras Ruthenensis monete. Quorum denariorum solvant medietatem in instanti festo beati Michaelis septembris et aliam medietatem ab eodem festo in annum. In aliis vero sibi injunctis in penitentia pro crimine memorato nihil penitus immutamus. Verum cum dictus Guiraldus del Mercadil asserat se aliquas de peregrinationibus sibi injunctas fecisse, nos consulibus de Najaco committimus, ut ipsius probationes recipiant loco nostri, et si probaverit se aliquas perfecisse de peregrinationibus supradictis, de taxatione predicte pecunie sibi facta secundum quod justum fuerit deducatur. Datum Tholose, vi° kalendas madii, anno Domini M° CC° L° VIII°.

V.

Sentence arbitrale touchant la perception de la taille levée pour la construction de l'église de Najac.

Najac, 15 juin 1262 et 10 juin 1263.

Conoguda [1] causa sia als presens et clara als endevenidors, que

1. Bibl. nat., Coll. Doat, v. 146, f° 29. — Les originaux de cette charte et de

com contrastz et dissentios fos entrel comunal major del castel de Najac d'una part, el comunal menor d'aquel metix castel d'autra, per raso de las taillas que om fasia et volia far a la messio et a la despessa de la obra que era commensada de la gleia de Sanch Johan, ques fa et deu far el davandich castel, et d'aquel contrast et d'aquela dissentio fos estat faictz adecx (*sic*) et adordenamentz per lo senhor Bertolmeu de Landrevila, cavalier, castela de Poigcelsi, filh del senhor P. de Landrevilla, cavalier, que era senescalcs en aquel temps de Rozergue et d'Albeges, ab cosseil de maestre R. Capella, jutgue pel dich senhor senescalc, segon que en unas letras sageladas del sagel deldich seinhor Bertholomieu, que tenia loc en aquel temps del davandich senhor senescalc son paire, et del sagel del jutgue davandich era pleneirament contengut, la tenor de lasqualas cambiada de lati en romans es aitals couma se sec apres :

Conosco totz li *universi*, que com desacords et controvercia entrel poble menut de Najac fos d'una part els majors deldit castel d'autra, sober quistas et demandas ques fasio et sero faichas et covenio a far el castel de Najac per la obra de la gleia de Sanch Johan, en lasqualas quistas et demandas lo poble menutz davandig disio que ero ... mout agreviatz, et quar sobre la taille, que per la dicha gleia se demandava nis volia os convenia far, lasdichas partidas entre lor nos podio acordar, sotzpausero se a la volontat et a la ordenatio del noble baro senher Bartholomeu de Landrevilla, cavalier, castella de Pogcelsi, fasens las vegadas del senher P. de Landrevilla, cavalier, senescalc de Rozergue et d'Albeges, son paire, loqual davandigs senher Bartholomeus, agut diligent tractament entre lasdichas partidas, de cosseil de R. Capella, jutgue deldit seinhor senescalc et d'autres bos homes deldig castel acochada deliurantza davant aguda, determenet en atal maneira, comma se sec la controvercia davantdicha : — En primeira, qu'en G. Carreira done et sie tengutz de pagar en calcuna quista ques fara per occaio de la obra de ladicha gleia el davantdig castel, de qualque quantitat sia, de quascuna somma de cinquanta livras de Caorcens quarante sols de la medicha moneda, en B. R. en Berenguiers fraires vingt sols, et tot li altre del davantdig castel que au et possessiso bes mobles et no moubles ou se mouvens per egal pago a la dicha obra de la gleia davantdicha en lasdichas cinquanta livras, segon que

---

l'acte qui y est contenu appartenaient en 1864 à feu Bruno Dusan ; voyez Rossignol, *Monographies communales du Tarn*, II, 226, *note*. Le copiste de Doat a rajeuni quelques mots.

4

mai ou mens li be de lor seran estimats a la valour dels bes dels davantdigs fraires B. R. et Berenguiers, entro ad aquels alsquals non aparo alcus bes que son dicz et aparo comunalment paupre, liqual no sio costreig de donar outre tres diners ou quatre a la pagua de ladicha quista de las cinquanta livras davantdichas. Et se outre las cinquanta liuras davantdichas de la dicha tailla, quant sera taillada, y remanra aucuna causa, aquo quis remanra sia entrercaig (*sic*) de cascu de la tailla, et que sera taillatz de totz aquels que poyraran dal menor entro aldig G. Carreira. Laquala tailla deu esser facha per vos homes a d'aisso especialamen eslegitz, so es asaber per en Donat, per en R. de Conbellas et per en Ricart, et per los cossols deldig castel. Liqual totz juraran fizelment adumplir toutas las davandichas causas. En testimoni de laquella causa lodich senher Bertholomeus el davandigs R. Capella a la pagena davantdicha lor sagels apausero. Aisso fo faich a Najac, xvii° kalendas julii, anno Domini m° cc° lx° ii°.

Et cum segon aquest adordenament davantdig fos facha apres una tailla el davantdig castel per en Donat et per en B. de Conbelas et per en Ricart et per los cossols deldit castel, volgro et consentiro et autreiero lo senher Philippes de Boissi, cavaliers, senescals de Rozergue per l'onrable senhor comte de Poitieus et de Tholosa, et maestre Hodes de la Motouneira, tenent loc de mosenhor lo davantdich conte el comtat de Tholosa, et fraire R. de Chartres et fraire Willems B. d'Aiexs, de l'ordre dels Predicadors, enqueredor de la cruel heretgia el comtat de Tholosa tramesi per mossenhor l'apostoli, que aquella tailla davantdicha, que facha era el dich castel per los davantdigs cossols et per en Donat et per en B. de Combellas et per en Ricart, sia facha per tota hora, aitant quant la obra de la dicha gleia durara, segon que es escrich es escrichs dels cossols, ni segon aquels escrihs s'escriura en forma et en carta publica per la ma de B. Ribeira, notari public de Najac, en aissi : — So es assaber que aquella quantitat que hom volra levar deldig castel a la obra ni per la obra davantdicha, sia demandada et levada per los dos cossols deldig castel, sia mai, sia meins, per raso de la davantdicha tailla que facha ni levada es, salv e retengut que sio eslegitz et establitz quatre prodomes comunals deldit castel, liqual tota hora, quant se volra levar alcuna quantitat deldit castel per raso de la obra davantdicha, segon que conoisserio o entendrio a lor leiautatz et a lor segrament, que li be d'alcuna persona deldit castel se serio cregutz ou melhuratz ou mermaig ou sourdeiat del temps que l'autra tailla fo faicha entro ad aquel temps en que aquella se volria levar, posco mermar ou creisser de la tailla d'aquella persona segon lo meilleurier ou pejurier que aura pres ni ell y entendrio leialment, et que aquel quatre prodhomes davantdig se cambio cadan, quant li cossol se cambiaran, et que cadan per aquels quatre que i seran sio eslegitz li autres quatre que venran apres. — Et li davantdig senhor lo senescals et maestre Hodes et li fraire enqueridor, ab cosseil d'alcus autres prodomes deldig castel, helegiro los primiers, [que] an per nom P. Ademar et Berengier R. et Bertrand Gaudo et Bernardo de la Boria. Et en aissi comma davantdig commandero et baillero establit li davantdich senhor lo senescals et maestre Hodes et li fraire enqueridor que fos faig et tengutz et gardatz per cascuna de las partz davantdichas, et que neguna no vengua ni pogues venir encontra. Et se o fazia, quel senescals davantdigs, o aqueil qui serio per lodig senhor comte, o fesesso tener et gardar a vos et als autres et a cascu fermament, en aissi que o promes als autres lo senescals davantdichs que o faria tener et gardar et estar ferm. Et a mai de fermetat et de valor que aio et que posque aver aquestas causas sobredichas, lo senescals davantdich et maestre Hodes et lidich fraires enqueridor dovero ne en feiro far la present publique carta, et volgro que fos del propi sagel de cascu de lor sagelada. Mas empero sia saubut que aquest adordenament ni fan ni entendo a far ne volo que posca far negun prejudici en alcuna causa ad alcuna de lasdichas partidas en deguna ni per deguna autra quista ni tailla, mas tant solament ad aquo que per la obra de ladicha gleia, aitant quant ladicha obra durara, se levaria. Aquests adordenaments et aquestas causas davantdichas foro fachas a Najac, dins la clausura sobirana del cap dél castel, iv° idus junii, anno Domini m° cc° lx° iii°, domino Alfonso regnante comite Tholosano, en presentia et en testimoni de fraire Jaufre de Thomasvila, de l'ordre dels Predicadors, d'en P. Sanchas, capella de Sanct Jolia, d'en Johan Torpi, castela de Najac, d'en Philip Polier, notari dels enqueridors, et dels cossols que eran alora de Najac, e per nom d'en B. de Conbelas, de Uc Donat, de G. Ramondi, de P. Ribeira, de B. Marsal et d'en Uc d'Aradas, et d'autres que no ero cossols, etc., de maestre Berengier notari, d'en R. Bardet notari, d'en B. Fargas notari, et de ganre (*sic*) d'autres dels majors et dels menors deldit castels, qui ero vengutz et ajustatz per aquest faig soberdig, et de mi B. Ribeira, public notari de Najac, que de mandament del senhor senescalc soberdich, maestre Hodes et dels digs fraires enqueridors aquesta carta escrissi et mo senhal y pauzei.

VI.

23 juin 1266.

Littera [1] *Johannis Turpini super custodia castri de Najaco.*

Alfonsus, filius regis Francie, comes Pictavie et Tholose, dilecto et fideli suo Philippo de Boyssyaco, militi, senescallo Ruthenensi, salutem et dilectionem. Significamus vobis quod nos castrum nostrum de Najaco Johanni Tourpin, latori presencium, tradidimus custodiendum ad gagia quadraginta librarum Turonensium per annum quamdiu nostre placuerit voluntati, mandantes vobis quatinus dicto J. dictum castrum cum garnisione ejusdem deliberetis et dictas quadraginta libras Turonensium eidem statutis terminis persolvatis; ac cuidam servienti suo in dicto castro viii denarios Turonenses de gagiis per diem dedimus quamdiu placuerit nobis, et dicta gagia servientis persolvatis castellano predicto. Datum apud Ferrolias, die mercurii in vigilia Nativitatis sancti Johannis Baptiste, anno Domini M° CC° LX° VI°.

Littera [2] *Bernardi, filii Johannis Turpini, super octo denariis gagiorum sibi concessis.*

Alfonsus, filius regis Francie, comes Pictavie et Tholose, dilecto et fideli suo Philippo de Boissy, senescallo Ruthenensi, salutem et dilectionem. Significamus vobis quod nos Bernardo, filio Johannis Tourpin, castellani nostri in castro Najaci, dedimus octo denarios Turonenses de gagiis per diem in dicto castro Najaci, quamdiu nostre placuerit voluntati, mandantes vobis quatinus dicta gagia persolvatis eidem. Datum apud Ferrolias, die mercurii in vigilia Nativitatis sancti Johannis Baptiste, anno Domini M° CC° LX^mo VI°.

VII.

Maître Bérenger Jornet donne quittance de 31 160 s. de Cahors reçus par lui pour la construction de l'église de Najac.

Najac, 31 octobre 1269.

Noverint [3] universi presentes pariter et futuri, que ieu maestre Berengier Jornet, de ma serta sciencia et propi volontat, siei et reco-

1. Archives Nationales, JJ xxiv^B, f. 115 v°.
2. Ibid.
3. Bibl. nat., Coll. Doat, v. 146, f° 41.

nosc ab aquest present carta, et dic et autrei et confessi per veritat, a vos Nuc de Combelas et a vos Bertran Aymh (?) et Guilhem Marti, en B. Rei, en D. Barta et a vos P. B. Gaudo, cossols de Najac, que vos, per vos et per tota la universitat deldig castel, avetz a mi pagatz sieys milla sols de Caorcentz et de Rodanes, que ero remazuig quem deviatz dels trenta un mila sols del pretz faig de la obra de la gleia. Item encara avetz me pagadas ueyt livras de Caorcentz per la cava de la gleia, per lo dig qu'en fetz lo senher P. R., jutgue de Rosergue. Delsquals sieys milla et cent sixante sols que monte tot, que iei de vous recebutz contans et entierament, me tieng de vous per ben pagatz. Item reconosc vos que vostre ancessor cossol, que fo estaig devant vos, me an pagat et complit per partidas, de que an cartas de mi, tot lo sobreplus tro els trente et un milia sols soberdighs de Caorcens, quem deviatz deldig pres faig de la gleia. Delsquals trenta un milla sols me tienh de vos et de vostres ancessors et de la universitat deldig castel per ben pagatz et per be... [1], et von solvi et von quiti, vos et vostres ancessors et tot lo castel, per ara et per tots temps, renuntians scientalment ad exceptio de non pagada, de non contada, de non auda, de non presa, de non recebuda pecunia, tota ladicha soma, et a frau et a bauzia et a tota error de compte, et a totas cartas qu'en agues de vos, per lasqualz me fossetz tengutz ni obligatz per raso del pretz faig de la dicha gleia, non contrastan empero la carta quen es facha entre mi et vos de la compositio quen fetz lo senher P. R., jutgue del Rozergue, et a tot dreig escrig et non escrig, et a tota razo et a tota exceptio general ou especial, cals que fos, per que ieu ni hom per mi pogues far ni dire ni encontra venir. Horum omnium sunt testes ex utraque parte rogati G. Carreira, Sicard Ramondi, P. Amans, Berengier, N. R. de Muret, Nuc de Plaseus, Numbert Amic, et ego B. Domini, publicus Najaci notarius, qui de mandato utriusque partis hanc cartam scripsi et signum meum apposui. Actum apud Najacum, II° kalendas novembris, anno Domini M° CC° LX° IX", domino Alphonso regnante comite Tholosano.

VIII.

Délai accordé aux habitants de Najac pour clore de murs leur cimetière.

13 mars 1313.

Vicarii [2] generales in spiritualibus et temporalibus reverendi in

---

1. Ici un mot corrompu : *aondes.*
2. Bibl. nat., Coll. Doat, 146, f° 67.

Christo patris domini P., Dei gratia episcopi Ruthene, ad partes ultramarinas pro terre sancte negotio apostolice sedis legati, viris prudentibus et discretis consulibus castri de Naiaco, salutem in Domino. Cum hoc anno vos et universitas dicti castri, ut intelleximus, in generali moniti tamen fueritis per religiosos viros visitatores dicti domini nostri, ut infra certum tempus cimiterium ecclesie de Naiaco juxta sinodalem constitutionem clauderetis, vosque, ut dicitur, propter aliqua rationabilia hoc facere tam breviter minime valeatis, licet vos juxta ordinationem nostram hoc facere offeratis, nos volentes vos prosequi favore gratie specialis, dictam monitionem et ejus effectum ex dictis causis justis usque ad instans festum Pentecostes prorogamus et suspendimus in his scriptis. Datum Ruthene, sub sigillo communi vicarie nostre, die mercurii post festum beati Gregorii, anno Domini millesimo trecentesimo duodecimo.

NOTE ADDITIONNELLE. — En finissant cet article, il sera peut-être utile de corriger une ou deux erreurs et de réparer quelques omissions. L'un des inquisiteurs qui traitèrent avec les habitants de Najac en 1251 s'appelait *Guillelmus Aquensis;* nous avons traduit *d'Aix,* il faut corriger *de Dax* dans les Landes. En outre, on nous fait remarquer que nous nous sommes peut-être trop avancés en affirmant qu'aucun architecte de nos jours ne construirait une église comme celle de Najac pour la somme payée à Bérenger Jornet; pour 70,000 francs un artiste de nos jours se chargerait, paraît-il, d'élever un monument de cette grandeur. Voilà pour les erreurs; passons aux omissions. Aux actes dans lesquels le nom de Najac est cité avant 1249, il convient d'en ajouter deux, indiqués par M. Delisle dans son *Catalogue des actes de Philippe Auguste,* n. 82 et 1298; par l'un, de février 1182, le roi donne en augment de fief à Raimond V, comte de Toulouse, le château de Najac; par l'autre, d'août 1211, il reçoit l'hommage de deux des seigneurs de ce château, Raimond Bernard de Najac et Girard *de Cadoillia.* Enfin, l'enquête de 1251 a été étudiée il y a quelques années par un érudit du Midi, M. E. Cabié; son travail, resté manuscrit, présenté à l'*Académie des sciences et inscriptions de Toulouse,* a fait l'objet d'un rapport de M. de Clausade (*Mémoires de l'Académie,* VII, 4, pp. 423-425); ce rapport est même extrêmement inexact. En outre, M. Cabié a communiqué quelques fragments de ce texte à M. Cl. Compayré, qui les a cités, sans d'ailleurs en tirer grand parti, dans ses *Recherches sur Sicard d'Alaman* (sic), publiées dans les *Mémoires de la Société archéologique du midi de la France*, XI, 50-81.

Nogent-le-Rotrou, Imprimerie DAUPELEY-GOUVERNEUR.